人生を拓きたければ「知覧の英霊」に学びなさい

幸せと繁栄の極意

護國の祈り

ホタル館富屋食堂特任館長
武田勝彦

大和出版

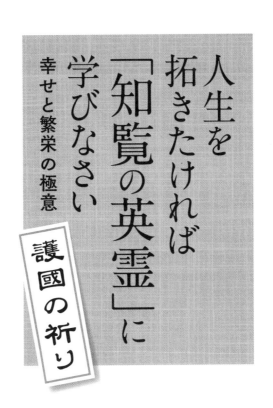

推薦の言葉

赤塚高仁　作家・講演家

「家族の枠を決めないで」
血のつながりを超えて、日本という家のために散った英霊たち。これより大きな愛はない。必読の書です。

伊藤直美　集合意識覚醒プログラムMAGATAMA創始者

この本を読むと現代の私たちが実は大きく深い愛に包まれていることに気づけ、自分を人をもっと愛せるようになり幸せになれます。

小名木善行　国史啓蒙家

知覧の特攻隊。その涙の活躍はまさに歴史に残る偉業と言って良いものです。これを後世に語り継ぐのは日本人としての最低限の心得です。このことを、たいへんわかり易い文章でまとめていただいた、これは歴史に残る名著です。

香川浩樹　とこしえ株式会社代表

特攻隊員達が命を懸けて守った家族とは、祖国を愛するという絆で結ばれた日本国民。彼らの命の使い方こそ大和魂だと感じられる、語り継いでほしい名書。

木南一志　(株)新宮運送代表

「ひとつは始まりであり、ひとつはすべてである」尊敬する栗永照彦さんの言葉である。この本にはその「ひとつ」がある。

玄山英子　大和魂覚醒講座講師

日本人が戦後見失った真実に気づいた著者の願いは、英霊の願いであり、子々孫々への深い愛でした。

佐々木宏　(株)マルタマフーズ副代表

我が国の豊かな今日を祈る想いで生命をかけてくださった英霊の皆様。国難に直面する我々国民が、今英霊の志を受け、自国の歴史と文化を正しく学ぶことで、世界繁栄の教えを戴けた最良の修身語録です。

白駒妃登美　歴史エッセイスト

本書には、愛と感謝と希望が溢れていて、過去のすべてに感謝の思いが湧きました。大切な人がさらに愛おしくなりました！

鈴木豪一郎　(株)常盤不動産代表

この本との出会いは、あなたとあなたの大切な人の未来をつくるきっかけになるでしょう。悠久の日本を願って推薦します。

高取宗茂　靖國神社外苑　靖國八千代食堂 代表 高取宗茂

私たち日本人にとって「人間が人間のど真ん中を生きる」ということが一体どういうことか。この本には、その大切な教えが至るところに散りばめられています。どうかこの言霊が、たくさんの「生きる苦悩」に届きますように。

つちやかおり　女優

絶対に封印してはならない日本の歴史。

これからを担う若者達にも絶対に読んで頂きたい著書です！　かっちゃん感謝。

寺井一郎　修身館館長

英霊がそこにおはすが如く慕ひ、人生を共に歩んでいる姿に心打たれました。御書の普及が世界の平和に繋がるものと信じています。

冨塚優

約10年前のリクルート役員時代、筆者に知覧へ行く様に言われた。

この豊かな生活は、祖国のために散った英霊達のおかげであるという歴史観を得ることができた。

武ちゃん、ありがとう。

鳥濱拳大　ホタル館 富屋食堂　特攻の母鳥濱トメの曾孫

本書には、先人達を敬いその史実や想いが消えぬよう、後世に語り継ぐという決意が込められています。

中村典義　クロフネブライダル代表

特攻隊の真実の中にある本当の勇気と本当の覚悟を、現代を生きる人に生きる指針として伝え続ける大和魂の伝道師。

船井勝仁　(株)船井本社　代表取締役

戦争体験者の魂からの叫びを蘇らせた名著誕生。ハンカチを用意して独りで読まれることをお勧めします。

宮城正照まぁーてる先生　医療法人てぃーだ理事長

これ程までに優しく愛に溢れた文章を読んだことがない。

大和魂の真髄を本当によく理解できましたし、日本民族の精神文化の継承を担う書だと強く感じました。若者たちに読んで頂きたい。

村上博志　（株）スタイルプラス代表

人間関係や、人生の歯車が狂ったと感じた時に読んで欲しい。読む度に心の奥底の日本人に宿る魂を呼び覚ます本。

山﨑拓巳　夢実現プロデューサー

開聞岳上空を通過するとき、放たれた菊の花が、約80年経過した今も季節になると黄色い花を咲かします。物語は今も続いているのです。この本を読むと、あなたの中でも、物語が動き始めます。

ユウサミイ　ミュージシャン

日の丸を仰ごう、君が代を歌おう。僕らは誰かが身命を賭して守った未来を生きている「日本人」なのだ。祖国を思う心は思想でも解釈でもなく、愛だ。今、我々日本人が知るべき愛がこの本にある。だから薦めたいのだ。

（掲載は50音順）

人生を拓きたければ「知覧の英霊」に学びなさい

はじめに
一生懸命生きてなくて、ごめんなさい

「ごめんなさい！　ごめんなさい!!」

特攻隊の資料館で、私は膝をついて、遺書が展示されているガラスケースに突っ伏して大声をあげて泣いてしまった。

知覧特攻平和会館。

それは鹿児島の最南端に位置する小さな町にある資料館。その中には圧倒されるほど、たくさんの特攻隊員のお写真が飾られています。

壁に飾られた写真に写るお顔がすべて、凛《りん》とされています。そしてその下にぎっしりと並べられてあるのが、大切な家族に宛てられた遺書の数々。手紙にはお世話になった方や愛する方々への感謝、お母さんたちのこれからを気遣う気持ち、そして家族を励ます内容が、とても前向きに書かれています。

この大きな資料館で拝観者が多数いる中、私は彼らの愛あふれる遺書に心を奪われてしまい、人目をはばかることなく、大声で泣き崩れてしまいました。

その場に居合わせた多くの観光客や一緒に行った友達に肩を抱かれ、背中をさすっていただき、とても迷惑をかけたことを覚えています。

おかげで少し落ち着くことができたあと、しばらく資料館を見させていただき、外へ出ました。

友達に「大丈夫か？」と心配されて、私は「ありがとう。もう大丈夫やで」と、半分恥ずかしさを取り繕うように答えました。するとその友達が思いもよらない質問をしてきたのです。

「ところでなんで、ごめんなさい！　なん？」

「は？？？　何が？」

「さっき泣きながら、ごめんなさい！　ごめんなさい！　ってめっちゃ叫んでたで」

「……」

正直いって私は何を聞かされているのかわかりませんでした。そうなんです。そこだけ記憶が飛んでしまっていたのです。

「……わからん」

私は自分自身がなぜ謝っていたのか、誰に謝っていたのかわかりませんでした。

私は、自分自身がなぜ謝ったのかを知りたくて、翌月、また翌月と何度も何度も知覧を訪ね、特攻隊員の遺書に向かいました。そのときにやっぱり同じ感情がこみ上げてくるのです。なぜか前回知覧に訪れたときよりもどんどん強烈に思うようになっていったのです。

「ごめんなさい！　ごめんなさい!!」

なぜ「ごめんなさいなのか？」がわかりませんでした。

そのうち、私が知覧通いしていることが仲間に知られ始め、「僕も連れてけ」「私も連れてって」と言われるようになりました。それが数珠繋ぎのようになっていって、2013年頃から毎月通うようになりました。

鹿児島の知覧という場所は、岡山からは大変に遠いため、お金も時間も非常にかかります。それなのに、なぜそんなにも通うようになったのでしょうか。

それは、たったひとつ。私が受けた感動と衝撃をみんなにも体感してほしかった。ただただそれだけでした。そのくらい私の人生においては、大きな衝撃だったのです。

5回ほど訪れたとき、ようやくその「ごめんなさい」の答えに気づくことができました。

最初のときと同じ若い特攻隊員のお写真の前で気づいたのです。「ごめんなさい」のフレーズの前に言葉があったのです。

その言葉は、

「一生懸命生きてなくて、ごめんなさい」

でした。

私たちにとって、たったひとつしかない生命。とっかえひっかえできない生命。特攻隊の若者にとっても同じひとつしかない生命。彼らは未来の私たちのために命をかけてくださったのです。

なのに自分は、「幸せな人生」を作ろうと、本気で努力しているだろうか？　人のために本気で生きているだろうか？　私の生き方を特攻兵たちがご覧になられたらなんと思われるだろうか。そんな思いに押しつぶされそうになって、出てきた言葉が、「(一生懸命生きていなくて)ごめんなさい！」だったのです。

それに気づいてから、今では全力を出し切る毎日を過ごせるようになり、「ごめんなさい」は言わない人生になりました。

逆に、毎日飛ばしすぎてヘロヘロになりますが、充実しています。

今も大勢の方が知覧の地を訪ね、私と同じように奮起して帰ってきます。それは特攻兵たちのお姿に影響を受け、彼らから託された自分たちがやるべきことを、深く認識したからに違いありません。これは非常に価値ある経験で、多くの皆さんに体感していただきたいことです。

私たちは充実した毎日を送っているのだろうか。

私たちは今、幸せなんだろうか。
もしも自分が死ぬとしたら、やり残した後悔はないのだろうか。

精神的なことから、実際的な日々の行動まで、本書では英霊たちを通して学んだことのすべてを語っていきます。

決して難しいことを述べるわけではありません。肩の力を抜いて、最後までお付き合いいただければ、著者として本当に幸せに思います。

人生を拓きたければ「知覧の英霊」に学びなさい――目次

序章 知覧との出会いが、仕事と人生を変えた

第1章

〝利他〟の生き方
英霊が教えてくれた

第2章 今を生きる私たちにできること

第3章

運をつかみたければ護國神社に行きなさい

第4章 引き継いだ〝いのち〟を繋いで栄えていく

プロデュース／山本時嗣
編集協力／中川賀央
ＤＴＰ／青木佐和子

序章

知覧との出会いが、仕事と人生を変えた

今こそ「幸せの極意」を英霊に学ぼう

はじめまして。私の名前は、武田勝彦と申します。この本を手に取ってくださって誠にありがとうございます。

この本を執筆している今、私はとても「幸せ」です。それは、この10年間に200回以上知覧に訪れ、英霊の思いを知ったからだと確信しています。

本書の目的は、この1点にあると言っても過言ではありません。

ウイルス騒動で、ここ最近、働き方も大きく様変わりして、一日人に会わないことも増えました。人と人の距離がどんどん離れ、心の距離まで離れてしまったように感じられます。その結果、過去最高の超過死亡。さらに過去最低の出生数。過去最大の国難です。

しかし、**私たちは「幸せ」になるために生まれ、周りを「幸せ」にするために生き**

てきたはずです。

ところが、人間誰しも「幸せ」になりたいはずが、「幸せ」という言葉を耳にすると、何か変な宗教の匂いがすると、遠ざけられることが多いのです。とても不思議です。

こんな混沌とした世の中だからこそ、過酷な時代を守り抜いてくださった英霊たちに学び、これを読んでくださる皆さんに、「幸せ」の極意をしっかりと受け取ってほしいと願っています。

彼らは、そのために命をかけたのですから。

私、武田勝彦は、岡山県岡山市で生まれ、この地を基盤として40年以上生きてきました。

母・妻・子ども3人と暮らし、現在は姉家族と並んで長屋のような暮らしをしています。我が子たちは、うちの居間とおばあちゃんの部屋と姉のリビングとを行ったり来たりして、たまにどこに行ったかわからなくなるほど、家族まみれになって育ってくれています。

私が今携わっているこんな仕事、あんな仕事

私は現在、複数の仕事に携わっています。

そのひとつは、生命保険・損害保険を売る仕事です。

学校を卒業して農協（JA）に入社した後、メットライフ生命（当時はアリコジャパン）から引き抜きがあり、必死に働いたおかげもあって、毎年のように最優秀賞MVPをいただき、今は独立することもでき、株式会社いにしえの才という保険代理店の経営者になりました。

保険の仕事は「お互いさま精神で、命と生活を助け合う仕事」と考え、おかげさまで現在も増収増益で伸び続けています。

この仕事を通じて、人の死についても考えるようになりました。

「地元は地元の手で！」という思いで、いくつか事業をさせていただいています。

純米大吟醸酒「才」を作りました。それは我々家族が酒飲みで大好きだから（笑）

というのも大きな理由ですが、衰退の一途をたどる農業に、楽しさとオシャレを取り入れ、農業で起業する方が増えればいいなと思い、一次産業関連にも取り組んでいます。

地域のために何ができるのか――喫茶店と散髪屋のワケ

また、岡山表町で仲間たちと喫茶店と散髪屋さんをそれぞれさせていただいています。人と情報が集うことで、地元の話題や個々の悩みなどが聞けて、我々が地域に何がお手伝いできるのか？　を判断することができます。

ちなみに、うちの散髪屋さん「バーバーフジ」は予約を取ると貸し切りになります。それは散髪チェアが一脚しかないからです。お客さまにリラックスしてほしいと考え、たったひとつしか椅子がないのです。

つまり、そこは個室なので誰からも侵害されません。ですので他人の目を気にすることがなく、カツラのオーダーも可能ですし、カツラを取っての散髪もゆったりしていただけます。

さらに、隣の喫茶店から美味しいコーヒーやウィスキーなどを運んで、ゆっくり召し上がってもらいながら、過ごしていただいています。

そんな散髪屋さん聞いたことない！

私は、1時間癒やされるために、散髪中にビールを飲みながら、うとうとしています。

どうですか？　最高でしょ？　お近くにお越しの際は、ぜひお声がけください。

私は、弊社の施設のおかげで、毎日美味しいコーヒーが飲めますし、髪をいつもキレイに切ってもらうことができます（もう何年も坊主頭ですが。笑）。

その延長線上で焙煎所もしています。コーヒーを深く知ると、これまた世界の情報がめっちゃわかります。

「ホタル館　富屋食堂」特任館長

次の大切なお役目。それが宝石・時計の販売です。これにはたくさんの知識を得、世界観が広がりました。

このお仕事のおかげで、世界中のバイヤーさんとも会うことで、世界中の情報が取れるようになりました。私は10年前まで、海外のことを全く知りませんでした。興味があっても、そもそも英語が喋れなかったからです。ですが、会うたびに外国人バイヤーさんから国外の情報を聞けるようになりました。

私たちがこれからを生きていくために、まずは正確な情報を取れること。これは非常に大切です。

たとえば、我が国の建国記念日。我々は2月11日はただの祝日くらいにしか教えられていません。しかし、これには私もビックリしたのですが、世界ではハロウィーンやクリスマスより独立記念・建国記念の日のほうが圧倒的にお祭り騒ぎになっているのです。そりゃ祖国・母国の誕生日なんですから！

テレビを中心とした国内のメディアは諸外国の独立記念日を一切報じません。それは、国の建国をお祝いしない我々が、世界では珍しく、変な民族であるということがバレないように、外国の情報を見せていないからです。

私たちは自分や家族の誕生日はお祝いするのに、母国の誕生を祝うことなく、国のために命をかけてくれた方々はもとより、自らのご先祖さまにすら感謝をすることなく、ほぼ無視するようになってしまったのです。

私がこのことに気づいたときが、もしかすると**学校では教えてくれない真実があるのかもしれない**と思ったきっかけになりました。

そして最後に、私が自分自身の使命としてさせていただいている仕事が、「ホタル館 富屋食堂」（36ページ）の「特任館長」です。〝仕事〟といっても、ほとんど金銭は受け取っていないのですが、そんなことを感じさせないくらいの、有り難いたくさんの出会いがあります。私にとって、これが何ものにも代え難い報酬となっています。

それに、この役割についたことで本書の執筆にも繋がりました。

私にとって何より大切なお役目「ホタル館 富屋食堂」の「特任館長」という役をいただいたことによって、私の人生は大きく変わり、今のようにたくさんの仕事やチャンスを得るようになれました。それくらい、私にとっては天命と言えるような大きな転機だったのです。

それこそが本書の根幹にも関わっているので、ここは後からゆっくりお話ししていきましょう。

中学生での父の死、そして借金3000万円超

岡山在住の私は、宅の庭にホタルが出るほどの田舎で育ちました。そんな田舎町で小さな印刷工場を経営していた父は、とても優しく町内の人気者でした。

私が中学2年の春、父は51歳で突然倒れてそのまま亡くなってしまいました。亡くなったその日は家族で食事会がありました。私には一回り離れた姉がいます。私が生まれたときに姉は中学生。私が3歳になると、姉は女子高生。高校から帰ると自宅に3歳の弟がいる。たぶんとても可愛かったんじゃないかと思います。おかげで一度もケンカしたこともありませんし、今でも仲良しです。

その姉が、父が亡くなる当日、その2年前に結婚した旦那さんと一緒に帰省していました。父は、母と娘の手料理を酒の肴に、義理の息子と一杯やれるのがとても嬉し

そうでした。

しかし私は中学2年で思春期真っ盛り。親とも対立し始めていましたから、酒も飲めない私にとっては退屈で、ひとりテレビを見ながら食事するしかありませんでした。

2時間ほど経って、お酒も進み調子が上がってきた頃、父がふと立ち上がり、勝手口から出ていこうとしていたのです。

びっくりして「こんな時間にどこに行くんや？」と尋ねると、仕事が残っているから、印刷してくると言うのです。私は義兄のお酒の相手はできません。そんなみんなを置いて勝手口横の工場に行こうとする父親に、

「こんな時間にみんなをほっといて何考えてるんや!!　家族のこと考えろや！　アホか！」

と、暴言を吐いたのです。

父は、私の言葉に振り向かず、手を軽くあげて勝手口を出ていってしまいました。

その直後、父は倒れ、亡くなってしまいました。

父が誰よりも食卓にいたかったはずです。それでも男としてしなければならない仕

事を優先した。誰よりも家族のことを考えている父だからこそ、その食卓を離れたのに、そんなことすらわからないケツの青い私がかけた最後の言葉が、

「家族のこと考えろや！　アホか！」

だったのです。


私は父を失ったことを心から悔やみました。

それと同時に、人の命は有限であることを学んだのです。父の死をきっかけに、少しだけ死生観について意識が芽生えていたのかもしれません。


経営者だった父は、親戚に個人的に3000万円の借金をしていました。

そして運が悪いことに、ちょうど父が亡くなったとき、生命保険を解約していたのです。祖母や母は保険に入ることをすすめていましたが、父は「保険なんて入らんでも元気じゃけん大丈夫よ！」なんて明るく言っていましたが、実は保険料が支払えないくらい経営が悪くなっていたそうです。

残った借金は、当然ながら私を含め、残った遺族が抱えることになります。

確か私が18歳になったとき、親戚のおばさんがうちに来られて、私に「座るように」と言いました。

そのとき借用書をポンと出され、「これはあなたの父親が残したものだから、あとは後継ぎのあなたが背負いなさい」と言われたのです。

額が額ですから、そのとき「ああ、人生終わった」と思ったものです。

借金返済に必死に働いた日々

母は運転ができませんでしたので、家に車がないという不便に加えて、そのときから貧乏な生活が始まるのです。

東京のような都会に住むのなら、自家用車は不要かもしれませんが、我が家は田舎で車がないと、とても生活していけません。最寄りの駅まで40分。しかも鉄道はほとんど1両の単線。路線バスは1時間に1本もありません。

買い物に行くために母は自転車で往復1時間以上かけていました。

このときから高校生にして、アルバイト三昧の人生が始まりました。

もちろん親を恨んだことも数え切れません。

父親を恨み、「あんなオヤジなんて、いっそのこと死んだらええねん！」泣きながら独り言で言っていたこともありました。

明るく書いていますが、当時の私は、片親で貧乏になり、周りからのイジメもエスカレートしましたし、恨んでいた父の後を追いたいと考えたこともたびたびありました。

ですが、アルバイト先の先輩に恵まれたこともありますが、借金返済のため、むしろ全力で働き続けたおかげで、私は落ち込む暇もなく、気がつけば社会人になっていました。何事も必死で取り組むとなんとかなるもんですね。

とはいえ、現実は借金返済の日々。楽しみながらも必死に働きましたよ。

その後、先に書いた保険業務で、お客さまに支えていただいたおかげもあり、父から受け継いだ借金を完済することができました。そのとき少しだけ親への恩返しができた気がしました。本当に感謝してもし切れません。

「ホタル館 富屋食堂」とはどんな場所なのか？

あなたは「ホタル館 富屋食堂」という名前を、お聞きになったことがあるでしょうか？

その食堂は、鹿児島県の「知覧」という場所にあります。

そう、大東亜戦争当時、陸軍最大の特攻隊の基地があった場所です。

この富屋食堂を始めたのは、鳥濱トメさんというおかみさんでした。

この小さな食堂は、大東亜戦争の末期、陸軍の指定食堂となります。多くの若い特攻兵たちが、この食堂で人生最後の数日を楽しく過ごし、トメさんやその家族たちと親しくなっていきます。

富屋食堂の美味しい食事と温かい気持ちに満たされ、そして彼らは、沖縄の海へと飛び立っていったのです。

鳥濱トメさんは彼らに最後の晩餐を提供する、「特攻の母」となりました。

そんな富屋食堂が、なぜ「ホタル館」と呼ばれているのか？

これにはテレビ番組などでもよく紹介される、有名なエピソードがあります。

それは1945年の5月に、19歳で知覧に配属された、宮川三郎少尉にまつわる話です。

新潟県の小千谷市で生まれた彼は、頭も賢くてスポーツも万能、性格もよく、おまけに美男子で、非の打ちどころがない青年だったと伝えられています。すぐにトメさんの娘の礼子さんや、食堂で働く女子学生たちの人気者になりました。

ただ、「お国のために」と、特攻兵になることを受け入れていた宮川少尉です。友人たちが次々と出撃をする中で、彼の心はすでに決まっていました。

そして、ついに特攻の日が来たのです。

出撃は、1945年の6月6日。くしくも前日の6月5日は、宮川少尉の20歳になる誕生日でした。トメさんと礼子さん、それに女子学生たちは、5日の夜にささやかな手料理を用意します。

そう、皆で宮川少尉の、誕生会をしてあげたのです。これには少尉もびっくりし、感激したことでしょう。お礼、ということで、少尉は自分の持っていたペンを礼子さんにプレゼントされました。

別れ際に少尉は言いました。

「おばちゃん、俺、必ずここに戻ってくるから。そうだ、あの外を飛んでいるホタルの一匹になって！　だからそのときは追い出さず、みんなで『同期の桜』でも歌ってくれよ」

そして、次の日の夜です。

もう9時になろうとするときです。最後までお店にいた少数の兵隊を残し、トメさんは片づけものをしていました。すると扉の隙間から、一匹のホタルが入ってきたのです……。

「宮川さんだ！　宮川さんが帰ってきましたよ!!」

「お帰りなさい」

その場にいた特攻兵たちは、涙を流しながら「同期の桜」を歌っていました。

宮川少尉は、記録では6月6日、沖縄の海で消息を絶っています。

そして富屋食堂は、「特攻兵たちがホタルになって戻ってくる場所」として、いつしかホタル館と呼ばれるようになったのです。

特攻兵たちはなぜ死を選んだのか

現在、富屋食堂は、「ホタル館 富屋食堂」として、特攻隊と鳥濱トメの思いを後世に伝える資料館となっています。現在の館長は、鳥濱トメさんのひ孫さんである、鳥濱拳大《けんた》さんが務めています。

公益財団法人・特攻隊戦没者慰霊顕彰会によれば、3948人が特攻によって戦死したとされています。

その平均年齢は、21・6歳。今の日本で考えれば、まだ大学も卒業していない年齢です。限りない未来が、これから残っていたはずの若者たちでした。

一体彼らはなぜ、特攻という道を選んだのでしょう?

それは、日本の勝利を信じての選択だったのではないか?

もちろん、そういう人もいたかもしれません。でも、状況を見れば、もう戦争は勝ち目のない段階に来ていたのです。さすがに20歳前後という年代であれば、彼らも現実をよくわかっていたと思います。

実際、「日本が勝つことはないだろう」と予感している人は多くいたし、「いずれはアメリカの占領下で、自由な時代が来るだろう」と手紙に残していた特攻兵もいるくらいです。

ならば、命令だから仕方なかったのか?

しかし、よく考えてみてほしいのです。もちろん特攻兵器には、乗ったら最後、逃げられないものもありました。特攻とは特攻機の航空特攻だけではなかったのです。モーターボートでの水上特攻、潜水艦での水中特攻など。でも、こと特攻機に関していえば、ちゃんと操縦ができる飛行機なのです。

沖縄の先にいる敵艦に向けて飛び立ったあと、逃げようと思えば、いくらでも近くの島に逃げていけたとは思いませんか？

そんなことしたって、後で捕まるのでは？　でも、そんな逃亡兵を一生懸命に追いかける余裕が、当時の日本軍にあったかといえば疑問でしょう。どっちみち戦争は持ってあと数年、魚でも釣って生き長らえれば、やがて本国へ戻るチャンスも出てくるはずです。

しかし、それを実行する特攻兵はいませんでした。

逃げようと思えば、いくらでも逃げることができた。

特攻をしようがしまいが、日本はもう勝てないと、大勢の兵がわかっていた。

それでも彼らは、特攻を実行したのです。一体それは、どうしてでしょう？

それはひとえに、「未来のため」なのだと、私は思っています。

未来で生きる私たちのため。つまり、**私やあなたを含めた、今我が国で生きている未来の命のため**です。

特攻兵たちは、希望を捨てず最後まで自分たちが戦うことで、未来に「祈り」や

「願い」を届けたかったのです。勝利や平和という実際に目に見える贈り物をあげることはできないかもしれない。しかし、一人ひとりが誇りを持って、自分の使命を全うすることで、きっと「祈り」や「願い」は届く。

遺された我々が、人生を真っ直ぐ歩いていける立派な日本であり続けられるように……と。

「使命」。命を使うと書いて使命。まさに彼らは使命を果たしたのです。

平均年齢で20歳そこそこの彼らは、現代の人生を歩んでいる人なら多くが体験するであろう幸福を、ほとんど体験せずに人生を終えています。

でも、彼らが散っていったとき、恨めしい思いで死んだ人などいなかったと思います。むしろ「自分は逝くけれど、その分、この世界で精一杯素晴らしい人生を送ってください」と。そんな思いで、未来を私たちに託し、彼らは短い人生を燃やしていったのです。

我が国のために命をかけた「英霊」を祀る場所

日本全国の「護國神社」と呼ばれる神社、あるいは正式にはその中に含まれていませんが、東京の「靖國神社」も、先の戦争で亡くなられた兵士の魂を「神様」として祀っています。

もちろん靖國神社には、戦後不当に「A級戦犯」とされた上層部の人間も祀られていたりして、今政治的な問題があることも事実でしょう。

ここで、あえて書いておきたいことがあります。戦争とはいえ、我々日本人は国際法にのっとって戦ったということです。

そもそも、人が死ぬような争いはしてはならない。だから戦争は決してしてはいけないのです。そんなことは当時の人々もわかっていたことなのです。

しかし、やむにやまれず戦いを受け入れた我が軍は、国際法でしっかりと決められたルール通り戦いました。

戦争は軍人同士の戦いです。一般住民は殺してはなりません。沖縄のような無差別殺人はしてはなりません。広島・長崎のような化学爆弾で、人がどれだけ死ぬかの人体実験はしてはならんのです。各都市に空襲をし、罪もない人々を無差別に焼き殺してはダメなのです。

その点で裁かれるのは敵国アメリカです。どんな理由があろうとも、そこだけは間違えないでいただきたいのです。

彼らは沖縄で罪のない沖縄県民を火炎放射器で焼き殺し、沖縄の海を覆い尽くすほどの大艦隊から艦砲射撃という鉄の雨を降らし、島人を無差別に殺したのです。

国民が標的にされている状況に、もう戦争とは言えないこの異常な状態を続けることはできないと、昭和天皇は終戦を決意されたと言われています。

もう一度書きます。戦争は軍人同士が争う政治なのです。国際法で決まっています。国民を標的にしてはならないのです！　だから、化学爆弾2発も世界的な犯罪です。

戦争に負けたのだから、指導者が裁かれるのは当然かもしれません。しかし、勝った側は罪を犯してはいないのでしょうか。すべて負けた側の犯罪なのでしょうか。しかし、無差別な殺戮《さつりく》を行った連合国側の犯罪が裁かれることはありませんでした。

筆者が取り乱してはならないのですが、書きながら悔し涙が止まりません。

そこの議論をことさら本著でするつもりはありません。

後の章で触れますが、特攻隊の働きは、アメリカ軍の鹿児島上陸を防ぐことになりました。

命をかけて我が国の未来のために身を散らしていったその「英霊」が、今は「神様」となられてお祀りされているのが護國神社・靖國神社であることだけご理解くだされば良いのです。

英霊はあなたの「最強の守り神」

想像してみてください。護國神社には20歳にもならない英霊たちが、「**未来の我々に幸せになってほしい**」と祀られている。そんな彼らが、今は神様となって、私たちの願いを聞いてくれる立場にいるのです。

「人生に今、迷っていまして……」

「仕事がうまくいかないんです」

「妻とケンカしてしまって……」

そんな日常的な私たちの願いに対して、彼らだったらなんと言うでしょう?

「大丈夫！　大丈夫！　未来の君たちが幸せなるために、俺たちは命をかけて戦ったんだぞ。心配するな。俺たちがなんとかするから、君は幸せになれよ！」

彼らは無条件で私たちを守ってくれる、最強の守り神になってくれるのではないでしょうか?


日本の神道は、そんなふうに神様としての役目を果たしてもらうため、英霊の魂を神社に組み込みました。だから英霊を祀った靖國神社・護國神社でも、ごく普通に結婚式をしますし、ごく普通に合格祈願や家内安全などの願いごとができます。

いずれにしろ、私たちは**「未来のために散っていった英霊たちの思い」を、もっと知り生かすべきだ**と思うのです。それが80年ほど前までに若くして亡くなった「**護國の願い**」つまり「英霊の願い」であり、彼らの気持ちに応える道なのだと私は信じます。

「ただ商品を売る」から「自分はさておき人に仕える」へ

「知覧の英霊」との出会いから、私の仕事の何が変わったかといえば、**「商品を売る仕事《しごと》」から「人々を守る志事《しごと》」**になったことです。どうやったら目の前の人を守ってあげられるだろうと考えるようになりました。

すなわち私にとって、人々を守るのが保険ならば、壊滅しかかっている一次産業の復興、食の安全・食の確保も保険。先祖代々から受け継いだ財産をインフレなどで紙切れにさせないための分散資産として扱うダイヤモンドも保険。知覧や沖縄、東南アジアなどの激戦地に行き史実を学び、感謝し、曲がってしまった精神性で人同士が対立をしないようにすることも保険。

すべては、人々を守る意識で真剣に向き合っていたら、こんなに任務が増えてしまったのです。本当にありがたいことです。

そんな気持ちや姿勢になれたのも、なんといっても知覧や護國神社に行き、英霊の気持ちに出会ったからなのです。

私が知覧に行き、「ホタル館 富屋食堂」と出会ったのは30代になってからのことでした。正直私は、ＪＡ時代と保険セールス時代も含む20代にして、社会人としてそこそこの実績を出していたと思います。

けれども知覧に行く前の私は、熱意や勢いであったり、コミュニケーションの力だけで、商品を売るだけの人間でした。お客さんはあくまでお客さんであり、私にとっては成績を出すための対戦相手のようなものに過ぎなかったのかもしれません。

ところが知覧に行き、英霊の思いに触れてからは、私にとって仕事の意味が変わりました。

それは大きく2つ。**ひとつは目の前の問題や人に「仕える」ことができているか。もうひとつは、自分自身は世の中のお役に立てているか。**

これはきっと英霊が仕事に願うことだと思います。彼らが戦後もしも生きていたら、いろいろな仕事を通じて世の中のお役に立ちたかったはずです。彼らはその夢を未来の我々に託したのです。

その夢を操縦桿に変え、特攻兵は、愛する家族を守るため、さらに我が国（世の中）

のお役に立つために、たったひとつしかない命をかけてくださいました。

私は、仕事とは「仕える事」だと解釈していましたが、もっと深い世界観がありました。仕事とは「仕える。さらに事《つか》える」だったのです。

仕事とは、とにかく「自分はさておき」、この精神が大切なのです。まさに特攻兵から仕事の真髄を学びました。

三重県でクロフネブライダルを経営するノリさんこと中村典義さんは、以前私のことを他の方にこう言ってくださいました。

「武田勝彦という男が〝保険〟を扱っているのではなく、武田勝彦そのものが私の人生の保険です」

その言葉は本当に嬉しかったですね！　万一の際に、いかに日常に素早く復旧できるか。これが私が考える「保険」の定義です。

ノリさんと同じように私を頼ってくれる方々のために、「自分はさておき」の精神でいい仕事ができるように、日々覚悟し、常に精進し続けます。

皆さんもそれぞれが持っている仕事について、一度ゆっくり考えてみませんか？

それは社会に出てスーツでする仕事ですか？　それとも子育て中のお母さんでしょ

うか？　町内を切り盛りする町内会長でしょうか？

今、自分にできることはなんだろう？

英霊と過ごし英霊に寄り添い続け、彼らから気づかせていただいたことは、

「いつ最後のときが来ても悔いがないように、手を抜かずに生きる」

「家族と友を大切にする」

「遺されていく家族のために、自分の思いを残す」

ということです。

「未来の命のために、今、自分にできることには何があるだろう？」

そんなふうに考えているうちに、気づけば私は、日本全国から呼ばれて人前で話をするような立場になりました。

本著を執筆している現在は全国の52社の護國神社と靖國神社で「武田勝彦かたりべ

会」（https://www.kataribekai.jp/）をさせていただき、順に全国を訪ねています。

その活動ではもちろん、「ホタル館 富屋食堂」や「靖國神社・護國神社」のことを、もっと日本全国の人たちに知ってもらうことも大切ですが、**身近なところにいて、常に私たちを守ってくれている英霊たちに、みんなで感謝をお伝えしに行く。**これが何より大切と思い走り回っています。

皆さまのお近くに上がりました際には、地元の護國神社にお集まりください。

今の私が存在しているのは、まさしくそんな英霊たちのおかげさま。そのパワーは、我が国に生きている人であれば、誰もが味方にできる最強なものだと思います。

第1章

英霊が教えてくれた〝利他〟の生き方

私が講演でそらんじた一通の遺書

私が知覧に行くことになったきっかけ。それは、本当に偶然としか言えないものでした。今となっては、私は、知覧の英霊から呼ばれたのではないかと思っています。

その発端は、一通の遺書でした。

「後に続く生き残った青年が、戦争のない平和で、豊かな、世界から尊敬される、立派な、文化国家を再建してくれる事を信じて、茂は、たくましく死んで行きます」

父母に宛て、そんな内容で綴られた遺書。大橋茂伍長は18歳のとき、当時日本領土だった台湾から飛び立ち、沖縄で特攻をしました。

この遺書は『日本への遺書』田形竹尾著に書かれています。

英霊たちは、私たちが素敵な国を再建してくれると信じているんだ！

それ以来、この遺書の言葉はずっと、私の心に残っていました。

その後、ある日若者に向けての講演を広島でさせていただいたとき、その大橋茂特攻兵の遺書をそらんじました。

「この遺書は私たちへ向けてのメッセージだと思います」

「私は、これを自らへのエールにして、心が折れそうなときに思い出しています」

その後、私が紹介した大橋茂伍長の遺書は、会場中を涙で包み、集まっていた皆さんに喜んでもらうことができました。

謹啓

初春の候と相成り

その後、御両親様には、お変りなくお暮しのことと思います。

お父さん、お母さん、喜んで下さい。

祖国日本興亡のとき、茂も待望の大命を拝しました。
心身ともに健康で、任務につく日を楽しみに
日本男児と、大橋家に、父と母の子どもと生まれた喜びを胸に抱いて
後に続く生き残った青年が
戦争のない平和で、豊かな、世界から尊敬される
立派な、文化国家を再建してくれる事を信じて
茂は、たくましく死んで行きます。

男に生まれた以上は
立派な死に場所を得て大空の御盾となり
好きな飛行機を、我が墓標と散る覚悟であります。

親より先に死んで、親孝行出来ない事をお許しください。
お父さん、お母さん、長生きしてください。
お世話になった皆様方に、宜敷《よろしく》お伝えください。

この便りが最後になります。

昭和二十年三月二十四日　　遠き台湾の特攻基地より　茂

父上様 母上様
身はたとえ南の空で果つるとも とどめおかまし神鷲の道

大命を拝して　　十八歳　茂

やがて講演が終わって、この後懇親会という流れだったのです。

そのとき私のところへひとりの男性がやってきて、

「感動しました！　実は、あの遺書をそらんじて読む私の知人がいるんです。ぜひ紹介させてほしいんです！」

と言われ、

「ところで、このあと時間はありますか？」

と。てっきり懇親会のことかと思ったら、そうではないのです。

懇親会には行かない。彼は武田さんのようにまだ若いけれども、いつも特攻兵の話をしているんだよ。今から会いに行こう！　と言われました。

「構いませんけど……」

「場所は博多なんだ。新幹線に乗るからね！」

「えっ？　これから博多に行くの？」

急な展開にビックリしましたが、これが私にとっての大きな転機になります。

会いに行ったのは、当時はまだ居酒屋を経営しながらでしたが、自己啓発分野の本で大活躍している、永松茂久さんだったのです。

なぜ、知覧を何度も訪れるようになったのか？

ご存じのように、現在もビジネス作家として活躍されている永松茂久さんは、のちに『人生に迷ったら知覧に行け』（きずな出版）など、知覧のことも多く本に書かれていますし、そして私の先代として、「ホタル館 富屋食堂」の「特任館長」もお務めになられた方です。

博多大名にある永松さんが経営していたお店で初めてお会いし、今日、ここに来た経緯を説明しました。大橋茂伍長の手紙のことを言い、私が空でその手紙を読み上げ始めると、永松さんもまた、何も見ずに同じ手紙を暗唱したのです！

本当にビックリしました。そんな人が私のほかに、この世にいるんだと思いました。永松さんも感激されたようで、その場で一気に意気投合するのですが、そのときに今度は永松さんから「紹介したい人がいるんだ」と呼びかけられたのです。

ご近所さんですか？　と聞いたら、その方はなんと鹿児島の方だと。

毎年春の桜の時期に、永松さんが鹿児島で開催している「桜まつり」というイベントがあるから、ぜひそれに来てほしいと。

それが、私が知覧に行く初めての日になりました。

私は35歳だったと思います。

知覧の地で、私は初めて、当時のホタル館館長の鳥濱明久さんにお会いすることができました。

明久さんとは鳥濱トメさんのお孫さんです。「武田さん、はじめまして、鳥濱です。私とお話をする前に行ってきてほしいところがあります」と、彼に指差されたのが「知覧特攻平和会館」という場所でした。

知覧の特攻に関する、あらゆる資料が保存・展示されているとてつもなく広い資料館。そこではたくさんの特攻隊員たちの遺書を読むことができます。

約2時間弱、拝観させてもらったのですが、「はじめに」にも書かせていただいたように、入って5分で涙が止まらなくなっていました。

私の口から発せされていた言葉「ごめんなさい」。

その言葉の真意、なぜ「ごめんなさい」なのかを知るために、知覧への再訪の旅が始まりました。

特任館長を任命された刺激的な理由

ひと月後に私は再び知覧に来て、理由を考える。でもわからない……そして、翌月とか3ヶ月後に、再びまた私は知覧にやってきます。

そうすると、一緒に行きたいと言ってくれる仲間が増えていきました。

そして、彼らも特攻隊の祈りと近代史の史実に感銘を受け、その中の何人かがもう一度、社員を連れてきたい！　家族を連れてきたい！　友達を連れてきたい！　と言われるのです。いわゆる「おかわり」をし始めるのです。次行くとまたおかわりが。次行くとまたまたおかわりが。

こうして毎月10名程度の方々をご案内するようになりました。ときには200人を超えるような団体さんや、何十人もの企業研修もあります。

以下のような直接命を扱う仕事やお母さんたちがお越しになったときは、やはり自然と力が入りました。パイロットやドライバーのような命を運ぶ方々や、ドクターや自衛隊、保険屋さんや葬儀屋さんなどとは、懇親会で生命の話を交わし、盛り上がりました。

毎月通い始めて4年を超えたあたりで、当時「ホタル館 富屋食堂」の館長だった鳥濱明久さんから特任館長に任命されました。

びっくりして明久さんに聞きました。

「ありがとうございます。ところでなぜ私が特任館長なんですか？」

彼から返ってきた理由は刺激的でした。

「石原慎太郎より通ったのは武田君が初めてだから」

「慎太郎さん？？？」

そうです。大スター石原裕次郎さんの兄であり、大作家。国を憂いて国会議員となり、その後都政に出られて知事までなさった方。

彼は若い頃から鳥濱トメさんの元へ通っていたそうです。

そして高倉健さんが主演した名作映画『ホタル』を、あれでは不十分だと言われて、慎太郎さんも特攻隊員を題材に映画をお作りになりました。タイトルは『俺は、君のためにこそ死ににゆく』。

私は、大東亜戦争末期の特攻隊を知るには、この映画を個人的にオススメしています。

何の得にもならないことを続けた明久さん

特任館長任命後、初めて知覧に訪れたとき、明久さんから手渡された小箱がありました。

開けるとそこには「ホタル館 富屋食堂　特任館長　武田勝彦」と書かれた名刺でした。そのときに言われた一言が今でも忘れられません。

「何の得にもならないかもしれないけど、引き受けてくれるかい？」

私にとって、とても名誉なことでしたし、そのときは有り難いという思い以外何もありませんでしたが、帰りの新幹線で改めてそのお言葉を考えて、ことの重さに感謝の涙が止まりませんでした。

「じゃあ任命してくれた明久さんは、何の得にもならないことを、20年以上も続けてこられたのか……」

「私は月に1～2回程度かもしれないけど、明久さんは毎日語り続け、多いときは一日4回のときもあるのに……」

任命してくださった有り難さ以上に、明久さんの徳の高さにただただ感謝の念が止まりませんでした。

戦後に生まれ、戦中のことを直接知らない明久さん。ただ鳥濱家に生まれたという境遇であるだけで、知り合いでもなければ、会ったこともない特攻隊員の史実を、心をこめて語り続ける明久さん。自分のやりたかったことをすべて諦め、語り部となるために知覧に戻ってきた明久さん。

たったひとつしかない命をかけた英霊の皆さま方から、人のために使命を果たすお姿を見させていただいていますが、生きて使命を果たされる語り部としてのお姿も、いつも鳥濱家から学ばせていただいています。

特攻隊員と鳥濱家の両者のお姿に深い感銘を受け、約10年になりますが、私は毎月のように知覧に訪れるようになっていました。

これが「知覧に呼ばれる」ということなのかなと、個人的には思っています。だいたい年間15回程度は、今でも知覧に行っています。そして同行してくださる方には必ず1泊2日で学んでいただいています。つまり、2日×15回＝30日なので、12ヶ月中1ヶ月は鹿児島の山の中にいるという計算になります。よく10年間も続けてこれたなあと自分でも不思議な感覚です。

我が国を守ってくれたスーパーマン

私が涙を流しながら叫んでいた、「ごめんなさい」の意味。「はじめに」で述べたように、今ではもう、理由がよくわかっています。

「一生懸命生きてなくて、ごめんなさい」

それが私の心の中にあったものでした。


初めて知覧を訪ねたとき、私の年齢は30代半ば。特攻兵たちは、下手すれば半分ぐらいの年齢の若者たちです。

そんな若者たちが、たったひとつしかない命をかけ、我が国の未来を守ってくださったわけです。

私は全国での講演、沖縄などの激戦地でのガイドをさせていただく中で、「日本は負けたので、特攻した彼らは日本の未来を守ってないように思います」というご意見をもらうことがたくさんあります。

実際、私も同じことを思っていた時期がありました。


では、真実はどうだったのでしょう。

アメリカ連合国は、東南アジアを北へ北へと侵略しながら、沖縄まで攻め、次は南九州への攻撃を狙っていました。

しかし、沖縄でアメリカ軍が経験したのが、爆弾もろとも体当たりをしてくる特別攻撃隊。通称「特攻」。命中確率たった2割。8割以上が沖縄の海へと沈んでいくのに、撃ち落としても、撃ち落としても、襲いかかってくる日本軍機を前に、沖縄の戦いで海軍最高司令官を務めていたチェスター・ニミッツがマッカーサーに打電しています。

「これ以上は北上できない。鹿児島に上陸してしまうと特攻作戦で我々は全滅してしまう」と。

そうです。特攻隊が沖縄でアメリカ軍を食い止めてくれたのです。

特攻は無駄死にでも犬死にでもないのです。南九州に上陸を許してしまうと、日本全土が空襲で焼き尽くされてしまいます。そうなってしまうと、これを読んでくださっているあなたもこの世にいないかもしれません。

さらに、日本側が南九州上陸を防ぐためには、国内の全兵力を南九州に集結させる必要がありました。そうなると北は手薄になります。

北方領土を不当に取ったソ連なら、間違いなく領土をさらに広げるために南下したと思います。

そうなると、ドイツのベルリンの壁じゃありませんが、もしかすると、静岡あたりで線が引かれ、北日本はソ連、南日本はアメリカの支配になっていたかもしれません。そんな分断が行われていたら、我々はパスポートを使わないと国内を移動することができません。

まさか！　と言われる方もいると思いますが、敗戦国は分断されています。ドイツもベトナムも。朝鮮に限ってはいまだに分断されたままです。竹島や尖閣《せんかく》諸島、北方領土や返還前の沖縄のことなど、言いたいことは山ほどありますが、私たちがこうやって北海道にスキーやディズニーランドへと、全国に新幹線や飛行機で自由に行き来できるのは沖縄を守ってくださった全国の陸海の兵隊さん、島人、そして特攻隊の皆さまのおかげなのです。

本当に感謝してもし切れません。

せめてこれを読んだ人、特に学校の先生やお母さんは、子どもたちに教えてあげてください。彼らは、私たちを守ったスーパーマンなんだよ！　って。

呼ばれないと行けない場所

特攻兵が私たちを守ってくれたことも知らず、のんきに生きて、目の前にある大切なことにさえ、自分自身は真剣になっていないのではないか？　社会に対して何も貢献していないどころか、生んでくれた両親に喜んでもらえることすら、ほとんどやっていないのではないか？　今だけ・金だけ・自分だけ。本当はそんな男なんじゃないか？　――と、知覧を訪れてからの私は、問い詰められたように感じていました。

それで、「一生懸命生きてなくて、ごめんなさい」だったのです。

特攻隊というのは、我が軍が実施した作戦であり、そこには否定できない史実があります。

しかし、なぜ我が軍が特攻に踏み切ったのかの背景も知らず、そんな「暗い歴史を背負った場所だ」という認識で知覧に行くと、おそらく彼らの思いを私たちは半分も受け取ることはできないでしょう。

なぜなら特攻兵たちは、私たちに悲しんでほしいわけでも、同情してほしいわけでもないのです。

もちろん戦争の悲劇を振り返り、二度と戦争を繰り返させないために、平和の重みを感じることは重要でしょう。でも、彼らの願いの本質はそんな政治的、社会的なことでなく、もっと**未来に生きる私たちが目一杯、当たり前の幸せをつかみ取っている**

ことだと思うのです。

だから**私たちは、目の前の日常をもっと真剣に生きねばなりません。**

ただ、それを知るには、私は「タイミング」がとても重要だと思っています。

正直、ホタル館 富屋食堂にも、知覧特攻平和会館にも、行こうと思えば、簡単に行くことができます。実際、私たちが企画するツアーと関係なく、大勢の人がレンタカーなどでばんばんやってきています。修学旅行で来る人も大勢いるでしょう。

そして多くの人が戦争の悲しみに涙し、平和への思いを強くします。それはもちろん素晴らしいことなのですが、「**英霊の思いを人生に生かす**」ということには至りません。

むろんコンセプトが違うから当然といえば当然なのですが、本当にこの場所を理解したいのであれば、少なくとも本当は、富屋食堂の思いをトメさんから受け継いだ、鳥濱明久さんにお会いするくらいの経験はしてほしいなと、私は感じていたのです。

それには必ずタイミングがあり、焦ってつかむようなものではありません。

私は以来、富屋食堂の特任館長として多くの人を知覧へ案内し、鳥濱明久さんが存命中は明久さんにも会ってもらう役割を続けてきました。

「広報役」という立場としては、本当は皆さんにどんどん知覧を紹介し、たくさんの人に訪れてもらいたいと願っているのです。でも、あえて本書では、皆さんに知覧を訪れることを要求しません。

それより、知覧を訪れるタイミングがいつやってきてもいいように、あなたにはまず「英霊」という存在の心に触れてほしいのです。それが本書の目的です。

タイミングがある――あらかじめ知っておきたいこと①

私という人間がどのように知覧と関わり、今の立場の「特任館長」という役割を得たかは、ご理解いただけたでしょう。

そこで今さらなのですが、「本書を読むにあたって、頭に入れておいてほしい3つのこと」を述べさせていただきたいと思います。これは私が知覧でのガイドを受けたとき、必ず依頼者に対して説明することです。

①英霊から呼ばれるから行ける場所がある

すでに述べたように、知覧など英霊と会える場所に行くには、「ちゃんとしたタイミングがある」と私は感じています。

実際、私の友人には、3回くらいトライしているのに、いまだに知覧に来られていない人がいます。行こうと思っていたのに、たまたまそのとき病気になったとか、お母さんの体調が悪くなったとか、仕事でトラブルが起きたとか。

私はそんなとき、「絶対に自ずと呼ばれるときが来るから、無理するのはやめたらいいいんじゃないの」と言います。

「今のあなたには、現世でやるべき務めがある。別に1泊2日とか2泊3日でここに来るよりもっと大切なことがあるのだから、そちらを優先してください」

おそらくはそんなふうに、英霊たちも伝えようとしているのではないでしょうか。

だから逆をいえば、一発でパンと来られた人は、英霊に「ちょっと今、こっちにおいでよ。少し話をしてみよう」なんて言われているのかもしれません。

私の経験でも、「ずっと行きたい」と思っているのに機会がなく、昨年「80歳になってやっと来れたわ～」という人もいます。

あるいは行くつもりはなかったけど、たまたま行く予定だった人が来られなくなって、代わりに来ることになったとか。忙しくて無理と思っていたのに、「いいよ、社長、行ってきてください。僕がやっときますから」と誰かが仕事を代行してくれ、ちゃんと来られたという人もいます。

でも話を聞いてみれば、皆、人生における転機だったりで、来るべくして呼ばれていることが多いのです。それは「良い・悪い」でなく、英霊たちがちゃんと状況を察してくれているのでしょう。

だから、この本を読み進めようと思っている方は、この文章の中で英霊と出会います。この出会いもきっと英霊の計らいじゃないでしょうか。

さらに、私たちが知覧などに来る機会を得るには、当たり前ですが、送り出してくださる家族や職場の仲間と、旅にかけられるだけの費用がなければなりません。

それは別に知覧に限った話ではありませんが、苦しい問題を抱える家族を残してはなかなか遠出だってできないでしょうし、お金がないのに借金してまで行く必要もありません。**私たちが遠出できるのは、そうした人や周りに困難を抱えることがなかったおかげなのです。**どこかに行くにあたっては、まずその何も問題が起きていないことに感謝したいですね。

逆にいうと、出かけている間に、会社や自宅が火事になっていないことや、空き巣が入っていないことを、家族・ご近所さん・一緒に働く仲間に感謝し、お土産でも買って帰りたいですね！　このことも知覧に来るにあたっては、認識しておきたいことです。

このように自分だけでは決められない！　という、タイミングがあるように感じます。

むろん、本書を読んであなたが「知覧や沖縄に慰霊に行ってみたいな」と感じたなら、それはひとつのタイミングなのかもしれません。それでももし行けなかったとしても、本書で紹介している近くの護國神社に行ってみればいい。焦ることは全くありません。

少しずつ行ける距離を伸ばしてくだされればいいのです。

私のツアーの参加者の方々から、ベストタイミングだったという数々のエピソードを聞いています。

知覧に来たタイミングが離婚の危機でしたが、特攻隊員が家族と向き合う姿を見て、仲直りできた方や、ちょうど政界を志したときにお越しになり、何のために政治家になるのか？　が定まり、見事当選なさった方もいらっしゃいました。

また後から触れますが、極めつけは元読売ジャイアンツの松井秀喜さんがニューヨーク・ヤンキース行きを決めた逸話は、まさにタイミングばっちりだったのではないでしょうか。

戦後教育のフィルターを外す――あらかじめ知っておきたいこと②

②令和の常識で、英霊を見ることはしない

修学旅行の人たちの感想文だったり、僕がガイドしていない人たちの話を聞くと、たまに「君が感動したのはそこ？」と、驚いてしまうようなことを言う人がいます。たとえば特攻兵たちの手紙を見て、「字がキレイ」とか、「立派な文章」とか。

確かに昭和初期の若者たちには筆が達者な人が多いのですが、当時の慣習からすれば、書を習うのが国民全員の当たり前だったわけです。極端な例ですが、現代の若者が器用にスマホの文字を打つのと同じで、「ＬＩＮＥの文章が早いね」とおばあちゃんに言われ、喜ぶ女子学生は少ないでしょう。

やはり現代の私たちの発想は戦後教育の影響を受けすぎています。だから単純に「戦争はいけないことだ」とか、「平和な時代だったなら、彼らは死ぬこともなかったのに」という結論のみに終始しています。

それに加え、現代は医療の発展もあって、私たちにとって「死」はあまりにも遠いものになっています。だから10代とか20代という若者が、短い人生を自らで終わらせたことに対し、単純に「可哀想だ」とか、「そんな時代に生まれなかった私たちは幸せだ」という理解になりやすいのです。

これは私の感覚ですが、私たちが80年、90年生きたとしても、その人生に大きな後悔を残し、毎日自分のことばかり考え、人の悪口や愚痴を言いながら長生きしたとしたら、果たしてそれは、我が国や人々のために10代で特攻による死を選んだ若者より、幸せだったと言えるのでしょうか？

この問題に正解というものはありません。ただ、**多くの特攻兵たちは自分を「可哀想だ」と思ってはいないし、戦争に臨んだ自分を「不幸だ」とも思ってはいません。**現代の感覚に染まってしまっては、決して彼らの心情を理解することなどできないのです。

英霊たちと向き合うには、とかく長い戦後教育を経た「現代」というフィルターを外さなくてはいけません。

学校で習ったことも、テレビで観たことも、いったんは私たちの頭から外し、「ありのまま」の彼らを見る必要があるのです。

鳥濱明久さん、拳大さんの覚悟——あらかじめ知っておきたいこと③

③語り部となられた鳥濱明久さん、その思いを受け継いだ拳大さんの生き方

戦争で亡くなった方の思いは、今現在の常識に照らし合わせるのでなく、当時の状況を想像して、ありのままの姿に向かい合ってほしい。それは長く「ホタル館 富屋食堂」の館長を務めてきた、鳥濱明久さんの考えでした。

残念ながら2021年の7月に、鳥濱明久さんは60歳にして、お亡くなりになりました。その最後まで、彼は祖母のトメから言われた通りに語り継ぎました。彼の話を聞いた方々はのべにして、80万人以上にもなっています。とんでもない人数です。

ただ、明久さんは「戦争に対して自分がどう思っているか」などの私見を、一切はさみませんでした。

感想は全く述べず、ただ淡々と、戦争でお亡くなりになった特攻兵の事実だけを、真心こめて目の前の人に伝えてきたのです。

以前一度だけ明久さんに聞いたことがあります。

「なぜ講演で私見をおっしゃらないのですか？」

「特攻隊の方々の史実はひとつしかないんだよ。でも私の感想は日々変わることがある。我々史実を伝える語り部は、変わるわけにはいかないんだよ」

多い日だと一日に4回お話をなさいます。私はその現場を数々見てきました。丁寧な口調はいつも同じ。必ず聞いてくださる方々に心からの感謝を述べ、金太郎飴のように全く変わることがない。

特攻隊の史実が変わらないから、自らも変わってはいけない。明久さんは館長として史実に忠実に向き合っていた方でした。これは本当にすごいことだと思いました。

少し明久さんの若いときのことも紹介しておきましょう。戦後になってから富屋食堂で生まれた彼は、トメの影響もあってか、本格的に料理人になることを目指し、鹿児島から横浜へ出てきました。

その当時で本人いわく、「和洋中華を全部経験して、寿司まで握ってきた」とのこと。20代で年収1000万円くらいを稼いでいたといいます。物価が違う約40年前のことですから、料理人としては大成功していたのでしょう。

ところがトメさんの長女であった、お母さんの身体の調子が悪くなり、明久さんは家族から「知覧に帰ってきてほしい」という要望を受けます。そして地元に戻ると、祖母のトメさんから言われたのです。

「特攻隊の真実を語り継ぎなさい」

知覧で料理屋をやっていたことは、たまたまだったのかもしれない。でも、私たちのためにたったひとつしかない命を散らした若者たちを、決して忘れてはならないよ、とトメさんはいつも言っていたそうです。

語り部となって特攻の真実を伝えていくことは、私たちに与えられた使命なのだ。トメさんも明久さんもそういう考え方だったのだと思います。

そのトメさんは、平成4年に89歳で亡くなっています。

そして明久さんは、母を亡くし祖母を亡くしていく中で、都会での料理人としての成功を捨てて、「ホタル館 富屋食堂」の語り部として、人のために生きることを決断したのです。

私はガイドをする際に、必ず言います。

「鳥濱明久さんを見てください」

「鳥濱拳大さんを見てください」……と。

特攻兵が私たちに見せてくれたのは「素晴らしい死に様を貫いてくださった」ということですが、明久さんも、その意志を継いだ拳大さんも、今日も明日も明後日も、ずっとずっとその英霊を語る生き方を選んでいるのです。それは一子相伝で、ホタル館 富屋食堂の本館長の席は、他の誰も座ることができないのです。

とても困難な道ですが、それでも彼らは、やはり「我が国の未来のため」と、そんな生き方を喜んで受け入れているのです。それは非常に覚悟のある生き方だと思います。

死を持って未来を守ってくれた英霊にも、人のために生き続けて未来を守ってくれる鳥濱一族にも、私たちは心からの感謝と尊敬の念を送りたいものです。

そして、明日がある我々は、たとえ困難な道でも、世のため人のためにできることは何なのか？　を探求し続けていきたいものです。

特攻は片道切符じゃなかった！

私も明久さんに初めて解説をしていただき、学んだとき、最初に連れていってもらったのが、知覧特攻平和会館の入口近くに置かれている一式戦闘機、通称はやぶさの前でした。

学校教育やメディアなどでは、全く歴史の真実は知らされません。だから、そのときの衝撃もとても大きなものでした。

「この一式戦闘機が知覧から一番多く飛んだ特攻機なんです」

この解説を聞いたとき、あれ？　ゼロ戦は？　と、いきなり「？」となりました。ゼロ戦でないなら一式って何だ？　というのが、最初の衝撃でした。

一やゼロとは何の数字だ？　そこで聞いた西暦や和暦とは違う数え方、それが「皇紀」でした。初めて聞いた皇紀。

しかしそんなことより、我が国が世界一長い歴史を持つ国であることに、もっとビックリしました。

何がって、こんな素晴らしいことが学校で教えてもらえないことが、ものすごくショックです。

今上陛下から126代さかのぼった初代神武天皇が、2月11日に建国なさった年を起源として、今年で2683年目。皇紀2600年ちょうどにできた戦闘機だから「ゼロ」。2601年にできると、「一式」。ちなみに、ゼロ戦の正式名称は零式艦上戦闘機。ゼロじゃなくて零式。

なるほど！ では、なぜ私たちはゼロと呼んでいるのでしょうか。

日本軍の戦闘機は羽の表と裏に、どの機体にも日章旗が付いています。アメリカ軍は上空を飛ぶ日本軍機を斜めから見て、楕円になった日章旗を「ゼロ！ ゼロ！」と呼んでいたのだそうです。それが戦後逆輸入されて、私たちもゼロと呼ぶようになったとのこと。

さらにショックな事実が！

「武田君、このはやぶさ戦闘機、実は片道燃料じゃないんだ」

「え～⁉」

どういうこと？　特攻機は片道切符って聞いていますけど？

「これが答えです」と言って、明久さんは翼の左下に付いている大きな塊を指差します。それは燃料の予備タンクなのです。

そして翼の右下に付いているのが、250キロ爆弾。その辺の体育館なら木っ端微《み》塵《じん》に破壊してしまうほどの威力だそうです。

左の予備タンクが空なら、右の250キロとバランスが取れません。だから燃料が入っていることはわかりました。じゃあそれってどれくらい飛ぶんだろう？

沖縄までの距離の2往復半飛べるんだそうです。

頭の中が混乱状態です。片道燃料どころか、そんな長い距離を飛べるの？

「実はそんなに燃料を積んでいたのには、理由が4つあるんだ」と。

ひとつ目は、燃料の質が悪く、途中で引き返すにはそれだけの燃料が必要だから。

当時我が国はABCD包囲網で、油の輸入が規制されていました。松から作られる植物油などを混ぜ込んで、燃料としていましたので、途中でピストンが走らなくなります。そうなると帰還するしかありません。だから往復するだけの燃料が必要なのです。

2つ目は、ピケットラインというアメリカ軍の迎撃レーダーが沖縄までの間に張り巡らされていて、そのレーダーにかかってしまうと、迎撃機が、どこまでも追いかけてきます。当然、どこまでも逃げなければなりません。標的はその迎撃機ではないのです。沖縄に浮かぶ大艦隊なのですから。片道燃料だと、逃げている途中で墜落してしまいます。

3つ目が、アメリカ艦隊を沈めるためです。

8割以上が撃ち落とされる中、2割の特攻機が体当たりすると、250キロ爆弾が炸裂して甲板でものすごい火柱が上がります。甲板へ予備燃料が流れます。それに引火して、火のついた燃料が、アメリカ軍の弾薬庫に流れ落ち誘爆を始めます。その誘爆で船は沈むのです。

そして、最後4つ目が、特攻隊や整備兵全員の「希望」のためです。私たちに予備タンクが見えるように、当時の特攻隊員も予備タンクで2往復半飛べることを知っていたのです。

だから、逃げようと思えば、沖縄の海から東京まで逃げられるのです。しかしそのようなことをするパイロットはいませんでした。海の上ではひとりです。隊長も護衛機もいないのです。それでも彼ら特攻隊員は自分の意志で特攻しているのです。

彼ら特攻隊員は、自らの意志で、我々の「希望」と共に、選んで特攻に逝ったのです。

滅びていく国の3つの条件

「戦争のない平和で、豊かな、世界から尊敬される、立派な、文化国家を再建してくれる事を信じて、茂は、たくましく死んで行きます」というのは、先に紹介した大橋茂伍長の遺書の一文です。

80年くらい前に命を燃やして逝ったヒーローは、そんな思いを未来に託していました。託されたのはすなわち、現代に生きている私たちです。そんなふうにバトンを託された私たちは、一体何をすべきでしょうか？

次章で改めて考えていきますが、私たちが現在の生活の中でできることは、たくさんあります。それらをひとつひとつあげていく前に、まず私たちがしなければならないのは、80年ほど前に存在したヒーローを認め、その恩恵に感謝すべきだということでしょう。

イギリスの有名な歴史学者であるアーノルド・J・トインビーは、滅びる国として以下を定義しています。

①12歳までに自国の神話を学ばない国
②子どもたちが夢を語らなくなった国
③目に見えないことより目に見えることを重視した国（精神的価値より物質的価値）

「それってどこの国？」と考えたら、間違いなく日本ではないかと思ってしまうわけです。

学校でも教えないから神話なんて誰も知らないし、未来に希望をなくした子どもたちの自殺者まで増えている。効率や実利ばかりを重視した結果、今や日本は教育面でも科学技術面でも世界に追いつかず、結果的には重視した経済面でも多くの国に抜かれつつあります。

これはとんでもないピンチです！

何がピンチって、国民がピンチであることに気づかないことがピンチですよ。

切れかかっている人間関係の「縦の繋がり」

トインビーさんではありませんが、何より多くの人間が「過去」に思いを馳せることができなくなっているのは、国として致命的なのではないかと私は考えてしまいます。

私たちのお父さんやお母さんの上には、おじいちゃんやおばあちゃんがいて、その上にはたくさんのご先祖さまたちがいて、ずっとたどっていけば天照大神（アマテラスオオミカミ）にまで行き着く。これが日本書紀に書かれている神話であり、私たちのご先祖さまは、天皇陛下のご先祖さまと起源を同じくしています。

だから私たちは両親を大切にするのと同じように、ご先祖さまを大切にするし、仲間を大切にするし、国を大切にするのです。もちろん、「だから外国人や他民族はどうなってもいい」などではなく、地球上のすべての生きとし生けるものを、同じ起源を持つ同族として大切にするのは、大和民族として基本中の基本だと思います。

でも、ご先祖さまを大切にしようとか、特攻兵たちのことを語ると、どうも最近は「右の人ですか？」などと怪訝《けげん》に思われるフシがあります。私自身は右側とも左側とも思っていませんが、特に靖國神社のことを語ったりすると、それを悪く思う人が世の中にはいるようです。

正直、自分自身のご先祖さまを大切にしてくださるなら、今の政治問題に対して右を向こうが、左を向こうが、私にはどっちでもいいことです。

ただSNSのような繋がりが増え、一方で会社組織のようなものが形を変えつつある現在、人間関係の「縦糸」を排除して、横の繋がりばかりを追いかける傾向が出てきています。特にコロナのあとは、実家に帰省したり、おじいちゃんやおばあちゃんに会うことすら回避する人が増えてきました。

これは日本の将来にとって、大きな問題だと私は思っているのです。

こうして「民族」のエネルギーが消えていく

人間関係の「縦糸」について、少しお話ししておきましょう。

こういうと驚くかもしれませんが、読者のあなたと私、武田は、間違いなく親戚だと思います。だからもっと親密に考えてもらって構いません（笑）。

「いや、武田なんていう親戚はいませんよ」と言うかもしれませんが、私たちが両親の両親、その両親たちの両親と先祖をたどっていけば、10世代で1000人を超えてしまいます。

20世代をさかのぼれば100万人を超えてしまう。30世代では10億人を超えてしまいます。それがだいたい室町時代のあたり。

だからあなたの祖先が海外からの移民でもない限り、私とあなたは、親戚でないと計算が合わないのです。

そのことを、かつては国民が日々の教育で理解していたのです。

多くの人間が村社会で生き、また「家」を重視する武士の考え方もありましたから、我々日本人は縦の絆を非常に重視してきました。

ちなみに**「絆」の読みはキズナ。「絆し」の読みはホダシ。絆しとは、自由を束縛するもの、めんどくさい存在という意。**

要するに皆さんが思う「絆」は、SNSで呼びかけて集まったボランティア団体のモットーや、被災地の復興に関わる際のスローガンのように使われていますが、本来の「絆」とはそんな簡単なものではなく、自分を厳しく律してくれる、めんどくさい存在。自由を束縛し、いつも一緒にいる時間が長く、切れない存在。

これを読んで皆さんは誰の姿を思いましたか？　「絆し」になるふさわしい存在は「お母さん」なんです。

すなわち、日本人の縦の絆とは、本来切っても切れない「血」のことを言っているのです。

ところが戦後になると、ＧＨＱの日本人を分断しようとする構想によって「核家族」というわけのわからない主流ができ、親元を離れて都会にひとりで住むことが常識のようになってしまったわけです。その先駆けは集団就職です。

それまで当たり前に私たちと先祖を結びつけていた「家」という関係が、ここで完全に壊れていくことになります。

就職するために東京へ来た。そこで、とりあえずはマンションやアパートに住んだ。すると住まいには、神棚も仏壇もありません。ということは、そこで精神的に、そばにいるはずの神様・仏様とはどんどん切り離されていきます。

また、昔は地元の神社で寄り合いすることがよくありました。ところが公民館や公会堂が作られ、それに取って代わりましたから、寄り合う場所すらも神々からどんどん離れていくわけです。

人との関係は、縦糸が切れてしまえば、横糸だって切れてしまいます。

今まで先祖代々の家があったから、子や孫のことまでを考えて、結婚相手との深い絆を作ろうとしていたわけです。「結婚なんてしなくていいや」という文化が主流になれば、自分の世界だけを作ればいいわけで、「パートナーでいいじゃん」とか、「お茶飲み友達でいいじゃん」という話になってきます。

すると「民族」というエネルギーは、どんどんなくなっていくわけです。残念ながら、これは今現在の日本で、確実に起こっていることです。

私たちのご先祖さんも、あるいは戦争で亡くなった英霊たちも、当然、そんな日本の現状を見ているでしょう。一体彼らはそれを見て、「どんな気持ちになっているのだろうな」と、私はいつも考えてしまうのです。

ご先祖さまの2つの願い

私たちが死んだあとは、どうなるのか？　仏教的な概念で考えれば、この世は一種の修行のようなもので、3日で亡くなる人もいれば、100年生きる人もいるでしょう。そのあとは三途の川を渡り、極楽浄土と呼ばれる世界へ行きます。

その後、生まれ変わる人もいれば、修行を終えて極楽浄土で永遠に過ごす人もいるのかもしれません。

このあたりの細かいあり方は、宗教や宗派の違いによってさまざまなのでしょう。そもそも立証のできない世界のことですから、信じるか信じないかになってきます。

それでも、とにかく「あの世」というものが、「ある」と仮定しましょう。

私たちは神仏統合の文化なので、すでに神様になられている英霊や我がご先祖さまは、車座になって、酒を飲んだりしてワイワイやりながら、新しく三途の川を渡ってくる私たちを迎えてくださいます。

そこにちょうどテレビ画面のようなものがあり、そこに映る地上の様子を見ているのです。

彼らご先祖さまは一体何を祈って、私たちを見ているでしょうか？

私は、2つしかないと思うのです。

ひとつは、「**とにかく幸せでいてほしい**」ということ。

先ほど述べたように、我々1億2000万人は、向こうの世界にいるご先祖さまの子孫なのです。ですから、向こうにいる英霊やご先祖さまは、我が子である私たちの幸せを望まないわけがありません。

もうひとつは、「**一族を絶やさないでほしい**」ということです。

日本は人口減少の国になっていますが、せっかく未来に繁栄を託したのに、民族として消滅してしまうのでは、がっかりすることこの上ありません。当然ながら、みんな大和民族が永続していくことを望んでいることでしょう。

結婚しなくても構いません、子が授かっても授からなくても構わない、結果ひとりで暮らそうが大家族で暮らそうがいいのです。

次世代のために、我々ができることはたくさんあるはずなのです。一生懸命に仕事をして社会に貢献することでもいいし、周りの人に精一杯、幸せを感じてもらおうと笑顔で振る舞うだけでもいい。

たとえ、幼少で亡くなったとしても、多くの人に命の大切さを伝えるためにこの世に現れたことで、大きく貢献した子どもも大勢いるのです。

大切なのは、ご先祖さまとなられた英霊の2つの祈りを意識して過ごしてほしいのです。

きっと英霊の皆さまがここにいらっしゃったら、同じように、自分にできるありったけで周りの方々を幸せにするでしょうから。

私もいつか亡くなるときが来ます。三途の川を渡り、英霊やご先祖さまに迎えられるでしょう。そのときに「一生懸命生きてなくて、ごめんなさい」という人生にはしたくありません。「ありがとう。ようやってくださった」と褒めてもらえることを、壮大な目標にしています。

ただの幸せと、最高の幸せはこう違う

英霊が願う「幸せ」というのが、どういうものなのか。私たちは少し考える必要があります。なぜなら、現代を生きる私たちとは感覚が全く違うからです。

たとえば、あなたが若い女性だとして、「好きな人と結ばれたい」と願う。英霊たちは、無条件であなたに幸せになってほしいのです。ですから、あなたの願いが成就するなら、「よし、任せておけ」と一生懸命にあなたの恋愛がうまくいくよう、力を貸してくれるはずです。

でも、そのために「好きな人の現在の彼女に不幸が訪れますように」とか、「実は

私の好きな人は結婚しているので、その結婚相手がいなくなってしまいますように」などという条件がついたらどうなるでしょう？

不幸になる相手だって、英霊たちから見れば、大切な子孫たちかもしれない。そうでなくたって、それでうまくいった恋愛で、本当に幸せになれるかどうかは疑わしい。だから、「あなたのことを思う神様になった人々」からすれば、もっと違う形で幸せになってくれることを望むのが正しいあり方だと思うのです。

それを疑問に思う方に、私は「利他の幸せ」ということを、よく話します。たとえば「プレゼントをもらう人」と、「プレゼントをあげる人」。あなたはどちらの人が、より幸せだと思いますか？

たとえば、中学生の女の子に、好きな人ができました。冬の時期なので、「マフラーを編んでプレゼントしたい」と思った。それで、普段深く話もしないおばあちゃんに、「おばあちゃん、お願い！　マフラーの編み方教えて！　間に合わないのよ。もう11月だから」と、おばあちゃんの部屋に入り浸って教えてもらい、一生懸命にマフラーを編みます。

これまでやったことがない編み物。最初はうまくいかないから、何回も何回も全部ほどくことを繰り返す。それでもなんとか間に合った！

このマフラーをドキドキしながら、好きな相手に渡す。反応が薄いから少し落ち込んでいたら、次の週にはなんと、そのマフラーを巻いていてくれた……。

このときの最高な気分が利他の幸せです。この「よっしゃっ！」という感じの幸福感は、たぶんわかる人にはわかりますよね？　ここを読んでうなずいている顔が見えるのは私だけでしょうか？（笑）　気分は最高なはずです。

最高の幸せというのは、たとえ少なくとも周りの人を幸せにした先に訪れるものです。自分のために努力して得られた結果でマフラーのときのような、得も言われぬ幸福感は味わえないでしょう。

それを誰よりも知っているのは、やはり大きな利他の心だけを持って戦ってくださった英霊の方々だと思うのです。英霊として、神様として、彼らはみんなが「本当の幸せ」をつかんでくれることを望んでいるでしょう。

利他の気持ちを追求することは、別に犠牲になることでも、他人のために我慢する

ことでもありません。本当の意味で、幸せな人生を手に入れるための条件になるものです。

それに心底気づくことができれば、いくらでもあなたは仕事で成功するでしょう。心から愛するパートナーと結ばれるでしょう。本当に欲しいものを購入できることにもなるでしょう。それらはすべて「目的」ではなく、**幸せに至る道を歩んだことにおける「結果」**なのです。

今はひょっとしたら理解できないかもしれない。でも、本著を読み進め、英霊たちと向かい合えるようになれば、必ずあなたはそんな境地にたどり着くはずです。

「相手が喜ぶだろうか?」と考えることで運気が変わる

知覧などの戦跡に行き、命をかけた史実を知ることは、神社やお寺に行き、「願」をかけることとそっくりに思えます。

そこは戦争の記録を残すものがある場所であり、供養や鎮魂に訪れる人は大勢いますが、運気を上げようとして来る人はいないでしょう。もしそんなことを口にしたら、たぶん不謹慎に思われてしまいます。

ただ、不謹慎に思われることを承知でいえば、確かに私と共に史実を知った方々の中で、その後、仕事が軌道に乗ってきたり、「いいことがどんどんやってくるようになった」という人がいるのは事実です。私自身にしても、やはり大きく仕事や運気が変わりました。

その理由は、「英霊たちのご加護をいただいた」とか、「英霊たちに応援してもらえている」ということになるのかもしれません。でも、そんな超自然的な理屈を当てはめなくても、英霊たちの生き方に刺激されれば、周りに対する考え方が変わり、感謝の念が湧いてくるのです。

つまり、「まず自分自身のため」とか「自分の都合のため」と考えていたのが、「人のためになるならば」とか、そこまで意識しなくても「相手が喜ぶだろうか?」を先に考えるようになる。それだけで人生において起こることは、大きく変わります。

究極をいえば、本書を読んでいただき、**英霊に感謝ができる方はそもそも幸せのタネを持ち合わせているの**です。

本書は、そのタネから芽が出るためのきっかけに過ぎないのかもしれません。

私は現在、「武田研修」という形で、知覧や沖縄の激戦地や、靖國神社や各地の護國神社などで大東亜戦争に関するガイドをしたり、「ホタル館 富屋食堂」へ全国の方々を連れてくる役割をしています。申し込みは多く、グループや企業メンバーと一緒に、レンタカーやバスに乗り込んで案内をします。

それ自体は、私自身ほとんど利益度外視なのですが、結果的に一番大きな利益を得ているのは私かもしれません。

私にとっての大きな利益とは、「たくさんの仲間」です。

私は毎月新しい方々と知り合い、中には親友になったケースもあります。英霊の計らいには心の底から感謝しています。

私はいつも言います。最終的に自分を守ってくださるのは、大切な仲間であると。お互いさまですから、自分自身も仲間たちを守ってあげられる存在として、日々精進する必要があります。**守る覚悟の分だけ守っていただける**のです。

あなたを守ってくださる家族や友に英霊が含まれるような生き方ができれば百人力ですね！

要するに英霊の気持ちを踏みにじるようなことをせず、彼らの気持ちに寄り添ってあげれば、英霊に感謝の念を抱いた分だけ守ってもらえるのです！

英霊は、今を生きる私たちの応援がしたい

私は英霊を通じて得た仲間に利益を求めたことなど一度もありません。ですが、結果的に知覧などで知り合った志の高い仲間たちは、何かしら仕事をし合っています。英霊と出会い、精神を研ぎ澄まし、さらに人のために働けるようになった仲間同士で商売の交流も盛んに行われる姿を見ると嬉しくなります。そもそも私のところにはさまざまな相談ごと、悩みごとを持ったいろいろな業界の人がやってきます。仲間をどんどん繋ぎ、経済的にも交流していってほしいと思っています。

それが、英霊たちが願った社会の形なんですから。

慰霊をきっかけにして、新たに働ける理由をもらえることは、大変な名誉なことであり、もしも彼ら英霊たちが生きていたら、命をかけてでも働いてくれるでしょう。英霊たちはみんなの仕事を全力で応援してくれます。

皆さんも一緒だと思います。

「ご祖先さまを大切にしながら営業しているお店」と「ご祖先さまのことをすっかり忘れ、目の前の売上のことばかりを考えているお店」。

あなただったら、どちらのお店で買い物をしたいですか？

「定期的に知覧などを訪ね、戦争で亡くなった英霊たちに手を合わせている社長」と「そんなことなど、生まれてから一度も考えたこともない社長」。

あなたならどっちの会社と、取引をしたいですか？

要するに**知覧へ行ったり、護國神社をお参りすることは、過去に感謝し、現在の応援団を作り、未来を大きく切り拓くこと**なのです。

英霊たちというのは、神話の神様と違って、元々はごく普通の若者だったのです。というか、ついこの前まで元気だったご近所さんです。生きていれば普通に仕事をしたかったでしょうし、仕事をする以上は、やはり「全力で成果を出したい」とか、「お客さんに喜ばれたい」と思ったでしょう。

もっといえば、もしも平和な時代に生きていれば、当たり前のように恋もしたかったでしょうし、好きな本も読みたかったでしょう。友達とワイワイ盛り上がり、朝までお酒を飲んで大騒ぎもしたかったと思います。

英霊は男です。だから女性の応援団にも付きたいのです！　男性の私が言うので間違いないです。

英霊は皆さんの応援がしたいのです。男性だろうか女性だろうか、どんな年齢、どんな立場の方にでも英霊のご加護はいただけます。

護國神社に行くのは、英霊たちに向かい、「皆さんができなかった分まで、幸せを満喫させていただきます！」と誓うことなのです。

次章ではより具体的に、英霊たちが喜ぶ生き方を考えていきましょう。

第2章

今を生きる私たちにできること

私の中でどんな変化が起こったか

前章で紹介したように、知覧に行き、英霊の存在に触れたことで、私は大きく変わりました。

でも実際のところ、私は一体何を学び、具体的に何がしたいと感じたのでしょう?

それを追求することは、日常生活において私たちが英霊たちの思いを生かすための、大きなカギになると思います。

そこで私が知覧を知ったときのことを改めて思い出してみると、一番大きかったのは、

「自分はひとりの力で生きているのではない」

ということでした。

私たちが今、平和な時代で仕事ができているのは、戦争中に命がけで未来を守ってくれた人々がいたおかげだったことを知ります。

知ってしまったら、どんな小さなことでも、感謝を持って手を抜かず一生懸命にやるしかありません。

大人になり、仕事をして、恋愛をする。家族を作り、毎日を楽しみ、ときにはガッカリしたり、怒ったり、泣いたりする。すべて英霊たちが、「やりたかったけれど自分たちはそれを諦め、未来の人たちに譲ったこと」なのです。

では、「手を抜かずに一生懸命やる」とは、具体的にどういうことなのか？

まず私の中で手を抜きがちなのは、周りの人に対する気配り心配りです。

というのも、私はずっと「他人を尊重する」ということを軽んじてきた人間だったのです。チームとか仲間ということよりも、結果がうまくいけばそれでいいと思っていました。だからお客さんからは人気もあったかもしれませんが、会社ではさぞ一緒には働きづらい人間と思われていたでしょう。

ところが知覧と関わるようになってからは、仲間を強く意識するようになりました。

それは、地域で行うセミナー企画やその集客、また経営者が集う各種の勉強会などに関わるようになったことも大きかったのですが、皆で何かを立ち上げたり、一緒に何かの目的を達成することが、この上ない喜びになっていったのです。会社でも後輩たちが「仕事をもらってきました！」と言えば、すぐ「よっしゃ！　よかったなあ」と言えるようになりました。

大切な人に思いや感謝を伝える習慣のススメ

さらに加えて、家族に対する考えも変わりました。

それまでは、私に妻がいて、子どもがいてということを、当たり前のことのように考えていたと思います。だから、子育てでてんてこまいの妻にかける言葉も少なく、その疲れた妻にさらに用事ばかりを頼む始末……。よく辛抱してくれたと思います。でも、そんな私が当たり前と思っていた日常を、特攻兵たちは諦め、未来に命を繋いでくれたのです。そうやって得られている貴重な「ご縁」なはずなのに、私自身はそれに感謝し、大切にすることができているでしょうか？

実は、私は妻と交換日記のようなものをやりとりするようになりました。そういうと、前時代の学生カップルのような印象を受けるかもしれませんが、これは今私が行っている遺書を書くという習慣にも通ずることになるのです。

私たちはいつ命を失うかもわからない。だから人生に悔いを残さないよう、大切な人に感謝や自分の思いを伝えたいけれど、日常が忙しくて日々口にできていない感情は、文字にしてきちんと伝えておきたい。

それで口に出す言葉とは別に、手紙でも日記でもいいのですが、文字のやりとりを習慣づけておくといいのです。

そうはいっても、妻から私へのメッセージを見れば、日々の子育てで疲れ果て、ほとんど愚痴や文句のオンパレードのようになっていますが（笑）。いや、年に一度は「ありがとう」って書いてくれますね。男はこの一言でしばらくは走り続けることができます。

でも、そんな愚痴や文句に気づかないで毎日を過ごしているよりは、ちゃんとぶつけてもらったほうがいい。そうでないと、自分が誰かを「大切にしている」つもりでも、ひとりよがりにしかなっていないということは人間関係によくあるのです。

この習慣は特攻隊の遺した遺書がヒントになっています。会話の少ない夫婦にはオススメですよ！

後悔しかないカブトムシのお父さんのこと

知覧に行く前、ＪＡにいたときの話ですが、私は「営業マン以上の存在」になれなかったことで、非常に後悔し、トラウマとなったことがあります。

それは営業地域に住んでいた40代のサラリーマンの方だったのですが、お家に行くと、たくさんのカブトムシがいるのです。なんでも副業でカブトムシを売る商売をしているそうで、私もカブトムシやクワガタは大好きでしたから、近くを通りがかるたびに虫の様子を見に伺うようになりました。そのお宅には小学5年生の息子さんがいたので、お父さんの昆虫部屋で彼とよく一緒に過ごしていました。

私は何よりカブトムシ見たさで、あまり営業ということは考えていません。でも、あるときその方から、「君は、保険もやっているだろ?」と言われたのです。

「はい！　ＪＡ共済です」

「がん保険を買いたいんだ」

当時はノルマもあったから、私は「よっしゃ！」と思ったのです。次の機会には資料を持って訪ねます。

「よし、次のボーナスが出たら絶対入るよ。だから今度は来年1月に来てくれないか？」

「よろしくお願いします！」

このやりとりをしたのは7月か8月の頃だったでしょうか。話をいったん終えて、私は時期が来るのを待っていました。

すると12月に入ったばかりのときに、奥さんからＪＡに電話があったのです。

「武田さんっていらっしゃいますか？」

奥さんにお会いしたことはなかったので、最初は誰かわかりませんでした。「カブトムシの家の者です」と言われ、ようやくわかったくらい。

あ、はじめまして！　しょっちゅう遊びに行かせてもらってます……。でも、なぜ奥さんから電話があるのだろう……？

聞くと「主人ががんになった」とのことです。

しかも余命はもうない、と奥さんは言います。

奥さんは、自宅にあったＪＡのがん保険の見積書を見て電話をしてきたそうです。保険の加入内容を聞いてこられた奥さんに、提案だけでご加入してもらっていないことを告げました。

「いや、ご提案はさせていただいていますが、冬のボーナスが出たら入るね、と言われたので、まだご契約はしていないのです。大変申し訳ありません！」

「そうですか……」

奥さんは私のことを全く悪く言うこともなく、「そう、ごめんなさいね」と明るく言って、電話を切られました。

私の頭には、ご主人に前に会ったときのことが、フラッシュバックのようによみがえります。

「がん保険を買いたいんだ……」と、カブトムシを見にくるだけの私に、唐突に願い出たご主人。それこそ何か虫の知らせを感じていたのかもしれません。

なぜあのとき、詳しい話を聞かなかったのだろう……。後悔の念しかありません。

英霊に出会って、自分が踏み出すべき道がわかった!

その後、ご主人は闘病の末、お亡くなりになりました。私にできたのは、それをお聞きし、告別式に伺うことくらいでした。葬儀会場で泣きじゃくっている小学生の息子さんの顔を見ることも、声をかけることもできませんでした。

もし、保険の契約ができていたら、下りたお金で一体どれだけのことができただろう?

すでにがんは末期になっていたそうですから、命は助かることはなかったかもしれない。でも保険から得たお金で、「みんなで大好きなお寿司を食べに行こう!」とか、家族での思い出作りだってできたのではないか?

もっというと、それを機会に生命保険全般を見直し、もっと家族が安心できる内容にしてあげれていたんじゃないか……。

そういうことを考えれば、考えるほど、当時は悔しくて涙が止まりませんでした。

でも、若かった私には、どうすればいいのかわからなかったのです。

その後、知覧で英霊との出会いを経験したとき、ようやく私は、自分の踏み出すべき方向性、すなわち人の役に立つと思うことに対しては遠慮しないで行うということがわかったのだと思います。

もちろんまだまだ足らないところだらけですが、それは、すべての場面で「もし英霊だったら、どうするだろう」といつも問いかけながら行動するようになりました。すると不思議なことに、昔から慌てん坊だった私が、大きな失敗をしなくなったのです。

中学生の覚悟の決断

英霊たちに出会った私にとって「死」は、今まで以上にずっと身近なものになりました。

こんなことをいうと、変なヤツだと思われるかもしれませんが、人は生まれた以上、絶対死にます。だから、本来「死」は身近でなければなりません。

特攻兵たちの多くは、20歳前後。また戦いのさ中では、まだ10代前半の子どものような年齢でも亡くなった方が大勢います。

数年前、私が全国の激戦地を回る中、沖縄縣護國神社の加治宮司に紹介されて一中学徒隊資料展示室に案内されました。

そこは小さな展示室ですが、今でいう中学生ほどの若者の写真や資料が所せましと展示されています。その子たちはなぜ展示室に展示されているのでしょうか。

沖縄の陸上戦では、約3ヶ月も、軍・民一体となって戦いました。その最前線は通信を有線で行うのですが、その有線がアメリカ軍の砲撃などで切れた際、通信を復旧するため、繋ぎに行く必要があります。砲撃が雨のように飛び交う最前線の仕事です。その仕事を子どもたちがするのです。

陸軍から各学校に連絡が入り、担任の先生が男子生徒たちを集め伝えます。

「これから皆さんに大切な話をします。この話は大変名誉なことですが、必ず自分で決めてほしいことなのです。いいですか」

「今沖縄は、皆さんもわかっているように、大変厳しい状況です。その困難に耐え、戦地に出向き、私たちを守ってくださる兵隊さんのお手伝いをしたい方はいますか？

志願者は手をあげてください」

一定の沈黙の後、なんと！　男子生徒全員の手があがるのです!!

先生にも子どもたちにも、それがどういうことなのかは、もちろんわかっています。

当然任務中に砲撃を食らって命を落とすことを覚悟しての決断なのです。

本当に感謝という言葉では言い表せられない決断です。

今日でもう二度と会えなくなるかもしれない……

そして、さらに心が押しつぶされそうになる史実を聞きました。

その後、先生から一枚の用紙が、男子生徒一人ひとりに手渡されるのです。

「今日、自宅に帰ったら両親に許可をいただいてきなさい。ここへお父さま、お母さまの署名をもらってくるように」

その日の夜。その子たちは各自宅や防空壕で、両親に許しを得ます。

「父上、母上、お話があります」

「本日、学校から日本軍のお手伝いをしたい者は志願するようにと言われました」

「僕も戦いたいです！　行かせてください！　戦地へ向かう許可をください」と。

両親に伝えるこの子たちの勇気を考えると、胸が詰まる思いです。この許可を得るために、どれだけの勇気と気遣いがあったのだろう。

それを聞いた両親が、我が子を失うかもしれない話を、本人から直接聞く苦しさ。

この用紙に署名するのにどれくらいの勇気がいるのか……。

署名は我が子を失うことに繋がる。

特に、お母さんはどんな思いでその用紙に署名されたのだろうか……。

そんな悲しさや苦しさを背負ってでも、我が子を誇りに思い、笑顔で送り出してやるのです。


今の日本に戦争はありませんが、世界を見れば当たり前のように戦争を繰り返している国があります。むろん戦争以外にも人が亡くなる要因はいくらでもあります。今日の夜に眠ったあとで、そのまま目覚めない可能性だってあります。

たとえば会社で一緒に働いている仲間が出かけるときに、「いってらっしゃい！」

と声をかけたとします。それっきり、もう一生会えなくなる可能性だってあるわけです。そう思ったら、以前の私は、なんて人間関係を軽んじていたのだろうかと反省する気持ちばかりです。

目の前の人をもっと大切にしよう。

まだまだ私たちが周りにできることはあるはずです。

どこまでを家族と考えたらいいのか?

私は知覧で、数年前、前館長の鳥濱明久さんから、元飛行機乗りの方をご紹介いただきました。その当時、元飛行機乗りのおじいちゃんは、おそらく90歳を超える年齢でした。

「名刺交換はしない、電話番号の交換はしない、名前も明かさない、会うのは一度切り」という条件で紹介された鹿児島県の方です。お話ししたのは2時間くらいでしたが、厳しい条件のわりには柔和な方で、とてもおっとりとしていました。

それでも「当時の話をあまりしたくない」というのは、本人の志願の元、特攻命令が下ったにもかかわらず、靖國神社での仲間との再会を果たせなかったのを、恥じる気持ちが非常に強かったからだと思います。これはどう足掻《あが》いても、私たち現代人にはわからない感覚かもしれません。

彼ら戦争経験者は、そんな思いを心に秘めながら、戦後の日本で当時の記憶を胸に秘めながら生きてきました。

私はその方を改めて尊敬し、お話を楽しく聞いていました。何度も何度も繰り返し会いたいなと本気で思いました。向こうもそんな私の好意を感じてくださったのか、気さくにいろんなことを話してくれました。

現在の生活のこと、ご家族のこと、特に孫やひ孫に関しては、笑顔で目がなくなるほど、ニコニコされ、談笑がはずみました

でも、そんな楽しい時間は、私のひとつの質問で、あっという間に崩れてしまったのです。

それは私の、こんな質問でした。

「特攻隊員たちは天皇陛下やお国のためよりも、愛する人や、大切な家族のために逝

かれたんですよね？」

事実、そうなんだな……と、ここまで本書を読んでくださった方ならば、ご理解いただけるのではと思います。

でも、彼はまるで若い頃の兵士だったときのような厳しい表情になり、静かな声で言ったのです。

「君には、奥さんはいるかい？」

その変貌ぶりに私は驚き、あぐらを正座に直して、質問に答えていました。

「はい……」

「奥さんには兄弟がいるかい？」

「はい……」

「その兄弟には、配偶者がいるかい？」

「はい……」

「その配偶者は、君にとって家族かい？」

義理の弟妹とか、親戚に会う機会はよくあります。女房の兄弟の配偶者は、しょっちゅう会う関係です。だから言いました。

「はい、家族です……」

「その配偶者には兄弟がいるかい？」

義妹の披露宴で一度だけお会いしています。

「はい……」

「その兄弟には配偶者はいるかい？」

もうわかりません。

「その方は、君にとって家族か？」

質問に答えられないでいると、

「その配偶者には兄弟はいるかい？」

「その兄弟は君にとって家族かい？」

私はどんどん答えられなくなり、じっと下を向いてしまいました。

それでも同じ質問が続くのです。

いたたまれなくなり、その場に土下座しながら、

「何か大変失礼なことを申し上げました。申し訳ありませんでした!!」

と、大声で叫んで言いました。すると、

「武田君、頭を上げてくれたまえ」

私は顔を上げ、おじいちゃんを見ました。その声は柔和に戻りました。でも、顔色は変わっていませんでした。そして最後に一言、こう言われたのです。


「勝手に家族の枠を決めないでほしい」


それっきり、この方にお会いする機会はありませんでした。

頭の中に残るフレーズ、「勝手に家族の枠を決めないでほしい」。

彼ら命をかけた先人は、私たちが考えるもっともっと大きな枠組みで「家族」を捉えていたのかもしれない。同じ時代を共に生きる同じ地域の方々も。何代もさかのぼった先代も。これから生まれくる命まで。彼らはすべてを家族と思っていたのかもしれない……。

それを感じたときは、もうすでに岡山に帰る道すがらでした。私は、我が国を守ってくださった方々の愛の深さと広さを知ってしまい、我々が生まれた日本という国柄は、なんて愛深き国なんだ……。日本人として生まれてよかったと心の底から思い、新幹線の中でずっと泣いていたのを覚えています。

「日本人」という大勢の親戚家族

大戦のときに日本兵たちが守ろうとしたものは、単純に今の言葉で「愛する人」とか「家族」と定義できるような、小さな単位の人々ではなかったのです。もっと彼らは大きく深いもののために戦い、結果的に守られたのは〝今ここにいる私たち〟なのです。

それを教えてくださったのも、元飛行機乗りのお方。お話を聞いたときは、涙でボロボロになりましたが、後で考えて私は幸せな気分になりました。

「私たちの先人は、どれだけ大きな愛で、私たちを守ってくれたのだろうか？」

「なんと崇高なご先祖さまを、私たちはいただいたのだろう」

おそらく彼らが「大切な家族」という言葉を使ったとき、日本人同士、横へ繋がっている大勢の〝親戚家族〟のことも、直接は血の繋がりのない〝ご近所さん〟のことも思っていたのでしょう。その家族の中には、「何年も先に生まれくる命」ですら入っています。

それを知ったとき、私は非常にありがたい気持ちになったのです。

この「日本人」という大きな親戚家族について、令和4年9月、香川県高松市の当時95歳になる元飛行機乗りの栗永照彦さまを取材させていただきました。

栗永さまは、とてもお元気でご自分の趣味や、ご家族のことや、戦中当時のことなどいろいろなお話を聞かせてくださいました。

その中でたったひとつだけ、逆に質問を受けたのです。

「武田君、我が国の民族として一番大切なことは何だと思う?」

咄嗟《とっさ》のことで、私はどう答えたらいいかわかりません。でも、「わからない」というのでは失礼ですから、十分に考えて、こう答えました。

「僕は先祖供養だと思います」

私の言葉を否定することもなく続いて言われます。

「我が国で一番大切なこと、それは教育勅語なんだよ」

教育勅語……。

想定外の言葉に驚きましたが、毎朝教育勅語を声に出して読んでいますので、私にとっては身近に感じて、

「なるほど！　教育勅語には大切なことがたくさん入っていますね！」

と、同調の言葉で答えました。

すると、「違う！」と一蹴されてしまいます。

「教育勅語に大切なことが入っているんじゃない。教育勅語そのものが大切なんだ」

そのときは正直、わかりませんでした。

でも、これはとても重要なことだと後からわかりました。

「教育勅語」が伝えていること

皆さんは「教育勅語」をご存じでしょうか？

明治23年に天皇が語る形で発布された、日本における「道徳」の方針。でも、その

内容を知っている方はほとんどいないでしょう。「軍国主義を彷彿《ほうふつ》させる」ということで、日本が敗戦したときにGHQよって廃止されてしまいました。

皆さん、覚えておいてください。戦後消えてしまったものには、外国にとって都合が悪いから消されたものが圧倒的に多いということを。逆にいうと、我々にとって大切なことが多く消されています。

確かに「国家の危機には勇気を捧げること」という文面はありますが、それはどこの国においても当然のことでしょう。それ以外の中身を読めば、私たちが目標にすべき、当たり前の指針が記されていることがわかります。

・親孝行であること
・家族が仲良くあること
・友人同士が信頼すること
・周囲の人に慈愛を示すこと
・学問を修め、自分を高めていくこと
・人のためになる仕事をすること

でも問題はその内容でなく、教育勅語が次の言葉で締めくくられていることです。

「朕爾臣民ト倶ニ（ちんなんじしんみんとともに）
拳拳服膺シテ（けんけんふくようして）
咸其徳ヲ一ニセンコトヲ庶幾フ（みなそのとくをいつにせんことをこいねがう）」

つまり、天皇が自ら、「私と国民の皆で一緒になって努力し、ひとつの徳を実践していきましょう」と〝皆が一体であること〟を表明しているのです。そうして「隣の人間同士が助け合い、団結して素晴らしい国を作り上げていこう」というのが日本人の精神でした。

そんな〝共に成長を目指す民族〟の精神があり、〝いつ何時も常に一緒なんだ〟という調和の精神を持つ教育を受けてきたのです。だから戦前の人たちは、未来のために命を差し出す覚悟ができた。同じ時代に同じ覚悟を持っていた人が、「日本人として大切なことだ」と言うのも当然でしょう。

そしてこれが現在、失われているのだとすれば、私たち大和民族はなんとしてもその精神を取り戻さなければいけないと、元飛行機乗りの栗永さまは、我々にお教えくださったのかもしれません。

父への恨みが消えた！

「民族」という大きな問題を考えると共に、まず私たちは身近な人間のことも考える必要があります。

それは当然で、両親を大切にできない人が、その上に連なっているご祖先さまのことを大切にできるわけがないと思います。自分の子どもや甥や姪、あるいは後輩たちを大切にできない人が、未来の人間に思いを託すことなどできないでしょう。

だから教育勅語でも、まずは「親」「家族」「友人」「周囲の人」と、身近な人間関係を大切にすることを謳《うた》っているのです。私たちは真っ先に、自分の周囲の人たちへの考えから見直していく必要があります。

そこで私自身が改めて考えるようになったのは、父親のことです。

ブロローグでも述べたように、父は私が中学生のときに借金を残して死にました。だから私はずっと恨みしか持っていなかったのです。でも知覧に行ったことをきっかけにして、時折「父は自分の命が消えるとき、一体どんな思いだったのだろう」と考えるようになりました。

父は誰よりも家族思いでした。どんなに忙しくてもキャッチボールは毎日してくれましたし、いろいろなところにも連れていってくれました。毎日朝方まで印刷機を動かしていました。無理をしてずっと働いていたのでしょう。そのことを14歳の私は気づきませんでした。

今の私が当時の私に会ったなら、それこそゴツンと頭をこづいてやりたい気分です。でも、私はそこからずっと、「なんとかお金を返さなければ」と、呪縛のように追われる毎日が続いていたのです。

母親に泣きながら不満を言ったこともありました。母はただ聞いていましたが、「そういうふうにさせたのは私の責任だから」と思っていたのでしょう。

甘えていたんだなと、今になって感じます。

考えてみれば、私が知覧に呼ばれたタイミングというのは、借金を私が返し終え、ちょうど余裕も出てきたときでした。それ以前であれば、いくら英霊たちの心に触れても、そこから父親への感謝には繋がらなかったかもしれません。やはりタイミングってあるんですね……。

30代になった自分だから、未来のために命をかけてくれた先人たちのおかげさまで、今の自分があることを理解できた。父親もそのひとりであり、無理をして一生懸命に働いてくれたおかげがあるから、自分はちゃんと成長することができたのです。

それを理解できるタイミング、ということで、私は知覧に呼ばれたのです。

知覧から帰った後、母親にも「オヤジも生きてりゃよかったのに。オヤジと知覧の話もしたかったよ」と言うと、母は嬉しそうに涙を浮かべていました。

そんな気持ちになれたのは、本当に英霊たちのおかげと思いました。

夫婦の会話なし、言うのは文句ばかり

もうひとり、知覧に行くことで意識が大きく変わったのは、プロローグでも述べた

妻との付き合い方でした。

妻と私の関係というのは、実は最初はかなりあやふやなものだったのです。というのも、妻が20歳のときに出会い、その7年後に結婚したのですが、その間ずっとお付き合いしていたわけではありません。

離れたり、お付き合いしたりを繰り返していた末での結婚でしたから、大好きではあるけれど、「この人しかいない！」ということで結婚したわけではなかったのです。だから結婚後、私は「妻を大切にする」ということが、長くできなかったのです。

たとえば仕事で海外へ行っていても、妻にメールひとつ出さない。それで家に帰ると「ただいま」だけ言って、スーツケースをドンって置いて、今度は別の要件へ出かけていってしまいます。

感謝がないどころか、夫婦の会話もほとんどない。たまに言うことといえば、「料理が一品足りない」とか「トイレが汚れているぞ」なんていう文句ばかり。

いくら結婚前に7年間我慢してきたからといって、私のようなダメダメな亭主の妻をここまでよくやってこれたな、と感心してしまいます。おそらく「切れない赤い糸」だったんでしょうね。

元気な子を3人産んでくれ、私の母と生活してくれる妻には頭が上がりません。

実は、私が知覧に初めて呼ばれたのは、子どもが生まれてから1年くらいが経った頃でした。

そのままなら間違いなく、私は子育てに失敗していたでしょう。妻との会話もなく、子どものことなど妻に任せ切り。自分はただ仕事をして、家族を養っていればいいんだと、家のことなど顧みない。

早くして亡くなった父が、私とたくさん遊んでくれたことをあんなに素敵な思い出としているのに、気づけば自分は、父と真逆の我が子に無頓着な人間になっていたかもしれないのです。

妻との関係がどうして変わったのか?

しかし知覧に行き、英霊との意識が近くなってから、

「そんなに奥さんを冷たくあしらうなら、俺と替わってくれよ」と英霊から言われて

いるような声が聞こえ、ハッとしました。

今は、何か悩みごとや引っかかることがあると、必ず妻を思い出すようになりました。

「もっと人さまの役に立つことをしていきたいね」と、私はことあるごとに、妻と話し合うようになったのです。だから妻のほうからも、「お中元するなら、誰々はあそこの名物が好きだから、贈ってあげるといいわね」なんて意見を言ってくれるようになりました。

現在はそうした会話に子どもも混ざるようになりましたが、自分たち家族の指摘や改善の話より、誰々が困っているだとか、どういうアドバイスがあの人にはいいだろうという「人のため」という話題であれば、案外みんなが楽しく団欒《だんらん》できることに気づきました。

これは知覧に行かずとも変化をうながせることだから、積極的に試してみるべきことかもしれません。

私があまりにお国だの英霊だのと言うものだから、現在、長男の夢は自衛隊員になることだそうです。その夢がどこまで続くのはわかりませんが、どんな仕事であっても、人のために尽くす大人になってほしいなと思います。

特攻志願の夫の覚悟と、その思いに寄り添う妻の選択

夫婦間の絆について、特攻兵たちはどうだったのでしょう?

彼らの遺書を見ると、なんといっても両親に宛てたものが圧倒的に多くなっています。その中で父親と母親を比べると、7対3くらいで母親でしょう。

両親の次は兄弟で、奥さんに宛てたものはかなり少なくなっています。というのも、特に特攻兵の多くは、結婚する前の若者から選ばれました。

理由として、当時の日本軍は、本土決戦を覚悟していたのです。アメリカ軍は東南アジアを取り、沖縄を取り、次は南九州上陸。だからベテランパイロットやリーダークラスは、本土上陸時用に温存されていました。むろん「残される妻子は悲しむだろう。独身者なら悲しむ人が少ないから」という、大義名分のようなものがあったのも事実ですが。

しかし奥さんがいた人が、全く特攻に出向いていないかといえば、そんなこともありません。

「ホタル館 富屋食堂」の資料館内でとても有名な、藤井一中尉の話があります。

館長の鳥濱拳大氏、前館長の明久氏からも幾度となくお話しいただいていますが、藤井中尉の逸話には何度聞いても涙があふれます……。


藤井一中尉には、妻の福子と、3歳と1歳になる2人の娘がいました。

そもそも彼は、飛行機乗りではないのです。かつて中国戦線で武勲を上げたのですが、そこで左手を負傷し、操縦管が握れなくなったからです。彼は教官となり、教育者として教えたのは「精神訓話」でした。忠誠心が強く本来の根は優しくとも、教育は非常に熱血の先生でした。

我が軍の特攻作戦が実施されるようになると、生徒たちの訃報ばかりを耳にします。一方では自分自身は「命を燃やしなさい」「国体を守りなさい」と心をこめて教育するだけ。藤井は苦しみ、自責の念に駆られ、その状況に耐えられなくなります。

「俺も後から必ず行く」

藤井はついに特攻志願をします。しかし2人の子どもがいるため、受け入れてもらえません。しかし断られ続けても何度も何度も特攻を志願します。

福子は夫の特攻志願を、やがて知ることになります。

「後から必ず行く」という生徒との約束とはいえ、娘2人を置き去りにして志願することに納得できず、何度も何度も泣いて引き止めました。しかし誰よりも夫のことを理解しているのも妻の福子なのです。男として、一度決めたことを貫く姿勢に惚れたことも事実。

それが主人の願いであるのならば……。

そして昭和19年12月15日の冷たい風の吹く中、自宅近くの荒川の土手から、2人の子どもを紐で結びつけた母子3人の痛ましい溺死体が上がりました。

晴れ着を着せた1歳の次女千恵子ちゃんをおんぶし、3歳の長女一子ちゃんの手と自らの手を紐で結んだ3人の痛ましい姿でした。

すぐに学校にいる藤井に連絡が入りました。

仲間たちと一緒に藤井がかけつけると、3人は紐に結ばれたまま、荒川の土手に並んでいました。

声を押し殺すように藤井が言います。

「俺は涙を見せるかもしれない。今日だけは勘弁してくれ」

藤井は涙を隠すように3人の前にうずくまり、優しく撫でるように白い肌についている砂を手で払います。いつも豪快な藤井の肩が小さく震えます。周りにいた仲間たちは、深い悲しみが伝わってきて声も出ません。

福子さんからの遺書は2枚の便箋に書かれていました。

「私たちがいたのでは後顧の憂いになり、存分の活躍ができないことでしょう。お先に行って待っています」

藤井の奥さんらしい気丈な遺書でした。

彼らの死に報いるために私たちにできること

藤井は3人の告別式を終えた後、家族に、「福子、一子、千恵子と会えるのが楽しみです」と伝え、自分の指を切り裂き血染めの嘆願を軍に提出。さすがの軍も受理します。

藤井は死んでいった一子ちゃんに一通の手紙を書きました。決して読まれることのない宛先のない、娘への手紙です。

「冷え十二月の風の吹き飛ぶ日 荒川の河原の露と消し命。母とともに殉国の血に燃ゆる父の意志に添って、一足先に父に殉じた哀れにも悲しい、然《しか》も笑っている如《ごと》く喜んで、母とともに消え去った命がいとほしい。父も近くお前たちの後を追って行けることだろう。嫌がらずに今度は父の暖かい懐で、だっこしてねんねしようね。それまで泣かずに待っていてください。千恵子ちゃんが泣いたら、よくお守りしなさい。ではしばらく左様なら。父ちゃんは戦地で立派な手柄を立ててお土産にして参ります。では、一子ちゃんも、千恵子ちゃんも、それまで待ってて頂戴」

5月28日早朝、第9次総攻撃に加わり、隊員10名と共に沖縄に出撃。

「われ突入せり」の電文を最後に、藤井一、29歳で還らぬ人となりました。

藤井一中尉の逸話は、子を持つ親なら、本当にたまらない話でしょう。「自分にできるか」といったらわからない。夫の選択に、妻の選択、正しいとか正しくないとか、そんな現代から見たら意味がわからない。いや、今の常識で評価をしてはならんのです。ただ、80年ほど前に、ここ日本で、現実にあったことなのです。ただ私が思ったのは、現代に生きる私たちは、とにかく「何がなんでも家族を大切にしなければならない」ということ。

彼らがおそらく望んだであろう平和な時代に生きられる私たちが、それを学び、気づき、変わっていけば、きっと中尉も福子さんも娘さんたちもあの世で喜んでくれることと思います。

彼らの命が報われるかどうかは、次を生きる私たち次第だと思うのです。

第3章

運をつかみたければ護國神社に行きなさい

護國神社とは何か？

わざわざ鹿児島県の知覧まで行かなくても、戦争で亡くなった英霊を祀っている神社が全国にある。それがプロローグでも紹介した「護國神社」です。

護國神社は各都道府県にあります。ただし東京都と神奈川県にはそれが存在せず、東京の靖國神社がそれを代行する形になっています。

ちなみに靖國神社は、独自に魂を祀り祭祀を行っているので、護國神社とは本社と分社のような関係ではないのですが、やはり「英霊をお祀りしている神社」として深い関わりがあります。

代表的な護國神社を次ページから列挙しました。

「指定」とあるのは、戦前に内務大臣が正式に府県社として指定しているもので、指定相当とされているものも含めて現在は51社となっています。この51社に飛騨護國神社を加えた52社が全國護國神社會に加盟する主要な護國神社です。

多くは県庁所在地の近くにある場合が多いので、地元ではどこにあるのか、ぜひ確認してみてください。

［各地の護國神社］

（北海道）

北海道護國神社　北海道旭川市（指定）

札幌護國神社　北海道札幌市中央区（指定）

松前護國神社　北海道松前郡松前町

檜山護國神社　北海道檜山郡江差町

十勝護國神社　北海道帯広市

函館護國神社　北海道函館市（指定）

（東北地方）

青森縣護國神社　青森県弘前市（指定）

岩手護國神社　岩手県盛岡市（指定）
宮城縣護國神社　宮城県仙台市青葉区（指定）
福島縣護國神社　福島県福島市（指定）
秋田縣護國神社　秋田県秋田市（指定）
山形縣護國神社　山形県山形市（指定）
鶴岡護國神社　山形県鶴岡市
新荘護國神社　山形県新庄市

（関東地方）

茨城縣護國神社　茨城県水戸市（指定）
埼玉縣護國神社　埼玉県さいたま市大宮区（指定）
栃木縣護國神社　栃木県宇都宮市（指定）
大田原護國神社　栃木県大田原市
群馬縣護國神社　群馬県高崎市（指定）
澁川護國神社　群馬県渋川市

千葉縣護國神社　千葉県千葉市若葉区（指定）
四街道町護國神社　千葉県四街道市

（中部地方）
新潟縣護國神社　新潟県新潟市中央区（指定）
富山縣護國神社　富山県富山市（指定）
石川護國神社　石川県金沢市（指定）
福井縣護國神社　福井県福井市（指定）
山梨縣護國神社　山梨県甲府市（指定）
長野縣護國神社　長野県松本市（指定）
諏訪護國神社　長野県諏訪市
岐阜護國神社　岐阜県岐阜市（指定）
濃飛護國神社　岐阜県大垣市（指定）
飛騨護國神社　岐阜県高山市
静岡縣護國神社　静岡県静岡市葵区（指定）

愛知縣護國神社　愛知県名古屋市中区（指定）

（近畿地方）

三重縣護國神社　三重県津市（指定）

滋賀縣護國神社　滋賀県彦根市（指定）

京都霊山護國神社　京都府京都市東山区（指定）

大阪護國神社　大阪府大阪市住之江区（指定）

兵庫縣神戸護國神社　兵庫県神戸市灘区（指定）

兵庫縣姫路護國神社　兵庫県姫路市（指定）

奈良縣護國神社　奈良県奈良市（指定）

和歌山縣護國神社　和歌山県和歌山市（指定）

（中国地方）

鳥取縣護國神社　鳥取県鳥取市（指定）

松江護國神社　島根県松江市（指定）

濱田護國神社　島根県浜田市（指定）
岡山縣護國神社　岡山県岡山市中区（指定）
備後護國神社　広島県福山市（指定）
鞆護國神社　広島県福山市鞆町
広島護國神社　広島県広島市中区（指定）
可部護國神社　広島県広島市安佐北区
五日市護國神社　広島県広島市佐伯区
山口縣護國神社　山口県山口市（指定）
朝日山護國神社　山口県山口市
宇部護國神社　山口県宇部市
岩国護國神社　山口県岩国市
防府市護國神社　山口県防府市

（四国地方）
徳島縣護國神社　徳島県徳島市（指定）

香川縣護國神社　香川県善通寺市（指定）
愛媛縣護國神社　愛媛県松山市（指定）
南豫護國神社　愛媛県宇和島市
高知縣護國神社　高知県高知市（指定）

（九州・沖縄地方）

福岡縣護國神社　福岡県福岡市中央区（指定）
柳川護國神社　福岡県柳川市
八景山護國神社　福岡県京都郡みやこ町
佐賀縣護國神社　佐賀県佐賀市（指定）
長崎縣護國神社　長崎県長崎市（指定）
大村護國神社　長崎県大村市
壱岐神社・壱岐護國神社　長崎県壱岐市
熊本縣護國神社　熊本県熊本市（指定相当）
相良護國神社　熊本県人吉市

大分縣護國神社　大分県大分市（指定）
宮崎縣護國神社　宮崎県宮崎市（指定相当）
川南護國神社　宮崎県児湯郡川南町
鹿児島縣護國神社　鹿児島県鹿児島市（指定）
沖縄縣護國神社　沖縄市那覇市（指定）

どんな神様が祀られているか？

後で述べるように、護國神社に祀られている英霊というのは、大東亜戦争で戦った兵士ばかりとは限りません。

その起源は明治始めの、戊辰戦争にまでさかのぼるのですが、基本は「国のために戦って、亡くなった兵士」が神様として祀られます。それは現代にまで続いていて、殉職した自衛官が護國神社に祀られるケースもあります。これは裁判にもなりましたが、今のところ〝違憲〟という判決は出ていません。

ただ、戦争で死んだ兵士の数ということでは、日本の場合は、やはり圧倒的に大東亜戦争で亡くなった御霊の数が多いわけです。

また、たとえば岡山県出身の兵隊さんが戦地で亡くなったら、地元、岡山の護國神社で、大阪なら大阪の、北海道なら札幌や旭川の護國神社で英霊として祀られます。ガダルカナルで亡くなっても、東南アジアで亡くなっても、シベリアで亡くなっても、祀られる場所は地元です。

普通の神社であれば、祀られている神様というのは、たとえばスサノオノミコトであったり、ニニギノミコトであったりと、せいぜいひとつの神社に2、3柱の神様であることがほとんどです。

たまに明治天皇であったり、菅原の道真公や吉田松陰であったりと、元は人だった方が神様になっているところもあります。でも、それは超有名な偉人だったり、祟《たた》りを起こすような強力な人物の場合だけ。だから基本的にひとつのお社で祀られる神様は、そう多くありません。

だいたいそんなにたくさんの神様がいたら、神様の特徴もはっきりしませんし、誰に何をお参りしていいかもわからなくなってしまいます。

ところが護國神社はその例外で、そこでは地元出身の何万という兵隊さんが、神様となって存在しているわけです。その様子を想像すれば、1柱の神様が鎮座している神社とは大違い。やんややんやと賑《にぎ》やかであること、この上ありません。

しかも神話の神様や偉人だった人と違って、英霊も元々は〝地元のご近所さん〟なのです。「あっ！　〇〇町にいた、中国で戦死された幼馴染のみっちゃん。あんたさんはそのお孫さんか！」とか、「はなちゃんは、〇〇少尉の親戚筋の孫の娘さんなんだね」とか。私たちにとっては本当に、身近な存在になるはずだった方々が神様になっているのです。

私はよく講演で言うのですが、護國神社では、ご近所さんのじいちゃんとか、ひいじいちゃんといった人たちが神様として祀られています。だとしたら、有名な神様たちよりよっぽど私たち一人ひとりに親身になってくれるとは思いませんか？

地元の頼りになる神様として、もっと護國神社を活用（参拝）されることをオススメします。なぜなら、英霊も会いに来てくれたほうが、お願いごとを、そりゃ全力で応援しますよ。

戦死者以外も祀っている靖國神社と沖縄縣護國神社

なお、「戦争で死んだ兵士を祀っている」と述べましたが、例外もいくつかあります。

そのひとつが靖國神社で、ここは軍人や兵士ではなく、政治家だった人をも英霊として祀っています。その中にはいわゆる「戦犯」に当たる人も含まれており、それをきっかけに昭和天皇以降、天皇陛下のお参りができなくなっています。

東京や神奈川の方々に関しては、他の地域と同様に〝戦争で亡くなった地元の兵隊さんたち〟が祀られていることに注視して、閣僚だろうが、一般人だろうがどんどんお参りしてほしいと思います。

また、例外として、沖縄縣護國神社だけは、沖縄県出身に限らず、全国のどこでも沖縄での戦闘で亡くなった人たちはすべて、英霊として祀られています。つまり、岡山県で生まれた人でも、沖縄で戦死したら、沖縄縣護國神社で英霊として祀られます。あれ、でも、その人は岡山の護國神社でお祀りされるのではないの？

もちろん、地元でもお祀りされます。だから沖縄で戦死した兵隊さんは、地元でも沖縄でも神様になっているわけです。この点は日本全国で祀られる神様と同じ、神様になったらあらゆる場所に神出鬼没ということなのでしょう。

それだけでなく、沖縄縣護國神社の大きな特徴は、兵隊さんだけでなく、民間で亡くなった人たちもご祭神になっていることです。これは島全体が戦場になったので、3歳とか4歳の男の子や女の子でも、沖縄縣護國神社では感謝をこめて英霊になっているということです。

だから圧倒的に神様の数も多いですすし、それだけ尊い神社なのです。

靖國神社とはどこが違うのか?

そんなふうに、日本にはたくさんの護國神社があるのですが、その発端は先に述べたように明治にまでさかのぼります。

明治時代の始まりといえば、1868年の明治維新ですが、その前には明治新政府軍と旧幕府軍が戦った「戊辰《ぼしん》戦争」と呼ばれる内戦があり、またそれ以前から長州や薩摩を中心とする維新側は、日本をひっくり返すための戦いを繰り返してきました。

そんな討幕の戦いで亡くなった武士たちを追悼するため、作られた「招魂社」という神社が、護國神社の発端です。

中心になったのは、特に討幕運動での犠牲者の多かった長州藩で、思いついたのはかの高杉晋作でした。山口県だけ護國神社の数が多いのはそれが理由で、最初の招魂社となった櫻山神社では、吉田松陰や久坂玄瑞のような志士が祀られています。

やがて維新軍が幕府を倒し、明治新政府が樹立されると、全国で招魂社を作ろうとする動きが広がっていきます。

その最も大きなものは、東京招魂社で、現在の靖國神社。その設立の中心となったのは、新政府陸軍の中心人物でもあった大村益次郎です。だから現在の靖國神社には、大村益次郎の大きな銅像が作られているわけです。

東京招魂社は、１８６９年に竣工式が行われました。

その後、招魂社は全国にできました。でも、よく考えると大きな疑問を感じませんか？

というのも、先に長州藩のあった山口県に多く招魂社が作られたと言いました。東京招魂社で最初に祀られたのも、旧幕府軍と戦って亡くなった、新政府側の兵士たちです。

確かに戊辰戦争で勝ったのは、長州藩や薩摩藩を中心とする、維新政府側の人々。けれども旧幕府側についていた人々だって、我が国の未来を思って戦っていたことは事実なのです。その人たちは全く鎮魂されることがなく、勝利者だけが祀られる形式で、果たしていいのかという話になりました。

もし旧幕府側の人々が完全に滅ぼされていたなら、そんな話は起こらなかったかもしれません。

でも、旧幕府側が負けたあと、日本はノーサイドで、「両者が協力して新しい政府を作っていこう」ということになったのです。勝海舟や渋沢栄一など、明治日本を支えた人たちには元幕府側だった人も大勢いるし、国家をまとめるには北海道や東北、新潟や水戸など、旧幕府側だった地方とも仲良くやっていく必要がありました。

そこで、当初維新側の死者を追悼した招魂社は、「我が国のために戦った人すべて」を、英霊として祀る神社へと変わっていったのです。

しかし、東京招魂社においては、今なお官軍しか祀られていません。亡くなったときには賊軍であった西郷隆盛や西南戦争で政府と戦った兵士は祭神ではないのです。

一方、幕末の志士である吉田松陰、坂本龍馬、高杉晋作らは維新殉難者として祀られました。これは戊辰戦争以前にもさかのぼって合祀したためです。それに対して、反政府側であった者、つまり戊辰戦争での旧幕府軍の兵士や、奥羽越列藩同盟の兵士、新選組や彰義隊などの旧幕臣の戦死者は祀られていません。ただし、禁門の変で長州藩勢との戦いで戦死した会津藩兵らは、朝廷（天皇）を守護したとして祀られています。

このご祭神の違いが、大東亜戦争後の戦犯級とされた方々の合祀とともに、今の

「靖國神社」と「護國神社」の大きな違いに繋がります。

また、「靖國神社」では、戦後に殉職した自衛官、海上保安官、政府職員などに関しては祀られていません。

東京招魂社が「靖國神社」と名前を変えたのは古く、1879年。そして1939年には、全国の「招魂社」が一斉に「護國神社」と名前を変更されることになりました。

戦後、GHQは「護國神社」という名称を禁止しましたが、日本が主権を取り戻したのち、多くの神社はその名前を「護國神社」に戻しています。

お願いごとではなく、「感謝」を伝えに行く

1000年とか1500年という歴史のある神社に比べれば、各地の護國神社は明治以降に作られたもので、歴史が全くありません。

しかし、現在の立場上、直接のお参りをされませんが、天皇陛下も各地の護國神社にはわざわざ幣帛《へいはく》を奉献してくださいます。それは「戦没者をお祀りしている」という、特別な神社であるからです。

私が前に、兵庫縣神戸護國神社で講演をしたときのことです。その少し前にたまたま兵庫県に公務で天皇皇后両陛下がお見えになられ、幣帛を宮司が直々にお預かりに行ったのだそうです。偶然その日に、宮内庁職員から預かったそれを神社に納める儀式が、約100人が集まって行われました。さすがにこのときは私も感激しました。

護國神社で祀られている神様の多数は、本書でもずっと述べてきている、私たちに未来を託して亡くなっていった兵士たちです。

でも、現在の護國神社は供養とか鎮魂のための施設ではありません。

また「平和の誓いをする施設」というのとも違っていて、もちろん平和を願う気持ちがあるのは大前提ですが、やはり通常の神社と同じように神様と向かい合う場所なのです。英霊は別に可哀想な存在でも、戦争のある世の中を恨んでいるわけでもなく、今は神様として人々を幸福にする役を与えられています。

したがって暗い気持ちで行くのではなく、基本は頼りになる先輩に相談しに伺うような気持ちで、期待しながら前向きに参拝すればいいでしょう。

といっても、そこにいる多くの神様は、神様の単位で見れば「つい最近」という時間に過ぎない、80年ほど前に戦って命を落としたばかりなのです。しかもそれは私たちの国のための戦いだったわけですから、まずはそのことに対する感謝を告げるのが礼儀というものだと思います。

「私たちのために戦っていただきありがとうございました。おかげさまで、今、私は平和な時代に生まれ、○○の会社で○○として働いています」

といった感じで、感謝の思いを伝えればいいのです。

その上で、後で述べるように「今こんなことをしたいと思っている」と、自分の夢や望みを宣言する形で伝えるのは構いません。神社へのお参りでは形式にとらわれる方も多いのですが、英霊は私たちに幸福を願って向こうの世界に行った方々なのです。

ちゃんとあなたの心の中はわかっていますので、素直にお任せしていれば悪いようにはならないでしょう。

資料館の手紙や遺書を拝覧しよう

護國神社には、英霊たちの遺品や、当人の手紙や遺族の手紙、あるいは戦争に関する資料の展示をしている資料館を持っているところがあります。せっかく神社を訪ねたのであれば、ぜひ館内を見学させていただきましょう。

資料館の中でも、極めて大きいのは、やはり靖國神社に併設されている「遊就館」でしょう。明治時代に設立された日本最古の軍事博物館で、展示物は維新軍にゆかりの品々から始まります。

そして第二次世界大戦で日本軍が使用した兵器も、数多く残されています。特攻で使用されたゼロ戦や戦車、それに「回天」という人間魚雷も。

日本軍は戦争の末期になって、「回天」と、人間爆弾として飛行機から投下される「桜花」という、特攻用の兵器を開発しました。どちらも発射されたら、ハッチのスイッチを外から閉めるだけで、中から開けられません。操縦も軌道修正くらいしかできず、魚雷や爆弾に人が乗っただけと変わりません。

特に「桜花」は空から投下されるのですから、死ぬ確率は100パーセント。人が乗らない爆弾と何が違うのかといえば、ただ精神的なものでしかありません。これを現代の視点で見ると、いかに戦争が虚しいものであるかは、誰しもが感じることでしょう。

しかし何よりも戦争の記録を保存する場所で、皆に見てほしいのは、兵士たちや遺族の方が書かれた手紙や遺書でしょう。

次の文章は「日本一心のこもった恋文」として、私がよく紹介しているもの。執筆当時80歳だった柳原タケさんが、亡き夫に対して書いたお手紙です。

この文章は、靖國神社の遊就館で展示されています。


『天国のあなたへ』

娘を背に日の丸の小旗をふってあなたを見送ってから、もう半世紀がすぎてしまいました。

たくましいあなたの腕に抱かれたのは、ほんのつかの間でした。

32歳で英霊となって天国に行ってしまったあなたは、今どうしていますか。


私も宇宙船に乗ってあなたのおそばに行きたい。

あなたは32歳の青年、私は傘寿を迎える年です。

おそばに行った時、おまえはどこの人だ、なんて言わないでね。

よく来たと言って、あの頃のように寄り添って座らせて下さいね。

お逢いしたら娘夫婦のこと、孫のこと、また、すぎし日のあれこれを話し、思いっきり甘えてみたい。

あなたは優しく、そうかそうかとうなづきながら、慰め、よくがんばったねとほめて下さいね。

そして、そちらの「きみまち坂」につれて行ってもらいたい。

春、あでやかな桜花

夏、なまめかしい新緑
秋、ようえんなもみじ
冬、清らかな雪模様
など四季のうつろいの中を二人手をつないで歩いてみたい。
私はお別れしてからずっとあなたを思いつづけ、愛情を支えにして生きて参りました。
もう一度あなたの腕に抱かれ、ねむりたいものです。
力いっぱい抱きしめて絶対にはなさないで下さいね。

柳原タケ

天国があるのかないのか私にはわかりませんが、いつかタケさんが天国で旦那さまと再会され、仲むつまじく暮らしていってほしいなと思います。

靖國神社はこのように、現代の私たちへと命を繋げてくださった方々に知り合える場所でもあります。その意義は普遍的なものであり、だからこそ靖國神社の遊就館にはアメリカ人もたびたび訪れ、日本人の思いに感銘しているのです。
ですから機会を作って、ぜひ訪ねていただきたく思っています。

松井秀喜選手が知覧で目をとめた手紙

手紙や遺書を目にしたことが、人生を拓くきっかけになったという、とっておきのエピソードがあります。知覧のホタル館富屋食堂でのことですが、感動的な話なのでご紹介させてください。

私は10年ほど前にアメリカ・ニューヨークに行きました。当時ヤンキー・スタジアムの冠スポンサーのひとつであったメットライフ生命のご好意で、特別にヤンキースの試合を観戦させていただいたのです。

それだけでも有り難いことですが、ヤンキー・スタジアムの案内された場所が、これまたＶＩＰな部屋で、私たち20人だけの特別なプライベートルームでした。室内で野球観戦ができたり、バーカウンターがあったりと特別な待遇で、一緒に行った従兄弟とほろ酔いになりながら野球観戦を楽しんでいました。

すると、なんと松井秀喜さんが突然入ってきたのです！

そこにいた20人全員が大騒ぎで、野球観戦そっちのけで、松井さんの周りに集まり、写真を撮ってもらったり、サインをしてもらったりしたのです。

松井さんは２０１２年にメジャーリーグを退団しており、私たちがお会いしたときには選手ではありませんでした。

「なぜ、ここにいらっしゃるんですか？」と聞きましたら、「ヤンキース球団から日本から来られる方々を接待してくださいって言われて、来させていただきました（笑）」と冗談まじりに答えてくれました。

私は帰国してからしばらくの間、松井秀喜に会った！　松井秀喜に会った!!　と騒ぎまくっていました。

帰国して最初の知覧でも同じように、当時の鳥濱明久館長に、

「明久さん聞いてください！　僕、ニューヨークで松井秀喜さんに会ったんですよ!!」

と言うと、ビックリしてくれるはずの明久さんが笑いながら、「あれ？　武田君に言ってなかったっけ？」と。

「ん？　何がですか？」

「松井君、ホタル館に来たことがあってねえ」

「え!?　聞いてないです……」

読売ジャイアンツ時代の松井秀喜さんは、宮崎キャンプの合間を見て、知覧にお越しになり、明久さんの案内でホタル館を拝観されていたそうです。

そのときのエピソードは感動秘話でした。

松井さんは一通りホタル館を回られた後、ひとりの特攻兵が遺した手紙に目がとまり、何分も何分もゆっくりと見られていたそうです。

それは、学生を軍へと送り込む「学徒出陣」により特攻兵となった、慶應義塾大学の上原良司少尉の書かれた「所感」でした。ここへその上原少尉が遺した手紙からその一部分を記します。

所感

栄光ある祖国日本の代表的攻撃隊ともいうべき陸軍特別攻撃隊に選ばれ、身の光栄と痛感いたしております。

思えば長き学生時代を通じて得た、信念とも申すべき理論万能の道理から考えた場合、自由の勝利は明白な事だと思います。

真に日本を愛する者をして立たしめたなら、日本は現在のごとき状態には追い込まれなかったと思います。

世界どこにおいても肩で風を切って歩く日本人、これが私の夢見た理想でした。

願わくば愛する日本を偉大ならしめられん事を国民の方々にお願いするのみです。

明日は自由主義者が一人この世から去って行きます。

彼の後姿は淋しいですが、心中満足で一杯です。

出撃の前夜記す。

彼はそのときメジャーリーグ行きを決めた

その手紙をゆっくり読まれ、顔を上げられた松井さんは、その場にいた鳥濱明久さんにこのように言われたそうです。

「僕、世界へ出ます」

彼はその場でメジャーリーグ行きを決めたのです。

その時点では、ジャイアンツ球団にも、ご家族にも、エージェントにも誰にも伝えていなかったそうです。

しかし、上原良司少尉のお言葉、

「世界どこにおいても肩で風を切って歩く日本人、これが私の夢見た理想」をしっかりと受け止めたのでした。

約20年前のその頃、大投手の故伊良部投手やヒットメーカーのイチロー選手はメジャーに出ていましたが、まだ日本人のスラッガーがいませんでした。


上原良司少尉が夢見た理想を果たすために。

世界どこにおいても肩で風を切って歩く日本人になるために。

松井さんは世界一のチーム、ニューヨーク・ヤンキースで主砲を打ち、ワールドチャンピオンを獲る道への覚悟を決めたのです。

そして2009年、見事ワールドシリーズ優勝を果たしました。英霊となられた上原少尉は、戦後50年以上経って、そのときを生きる男の背中を押したのです。松井秀喜は上原良司少尉と共に夢を果たしたのです。

知覧で鳥濱館長からこの話を聞いたとき、感動で胸が熱くなりました。
それと同時に、私は鳥濱館長に無礼を承知で言ってしまいました。
「そんなええ話あるんやったら、それ、はよ言うてや（笑）」（明久さん大変失礼しました）
もし、ヤンキー・スタジアムで松井さんと上原少尉の話で盛り上がっていたら、今頃は松井さんと友達になっていたかもしれません（笑）。

お賽銭は音がしないお金で⁉

もし不快に思われたら申し訳ないのですが、私がよく、経営者さんにいうのは、お賽銭のことです。あなたは神社にお参りに行ったとき、いつもどれくらいのお金を、お賽銭として出しているでしょうか？

その昔から言われるのは、「ご縁がありますように」という5円です。でも、そう言われるようになったのは、もう遥かに昔の話ではないかと思います。仮に1銭とか10銭というお金が機能していた頃だったら、5円は一体どれくらいのお金を出すことになっていたのか？

今でいえば、5000円札とか1万円札に相当するかもしれないのです。だとしたら、今5円なんてもらったって、神様が喜ぶだろうか？

だから「チャリン」と、音のするお金をお賽銭にするのはやめよう。せめてお札の単位で、お賽銭は出すべきじゃないか……と。

「1万円、経費にも落ちんし、領収書すら書けん。でも、（賽銭箱に）入れている人は絶対、幸せだから。ドキドキしてもいいから入れてみろ、あっという間にお礼が来るから、試してみろ！」

「わかりました。入れてみます」

「はい騙されたー」

「えー!!」

まあ私がそんなことをするのは、たいていは経営者さんに向けた研修などで、相手がお金を持っているのを知っているから。だから冗談で済みますし、皆さん神社への寄付と思って、快くお金を出してくれます。

もちろん一般の方に対して、そんな無理したお賽銭を要求するわけではありません。

ただ、「5円でいいや」とか「ジュースを買えるような額まで出したくない」と、頑なに低予算で済まそうとするのもどうかと思うのです。

一度でも1000円札を出してみればドキドキする体験を味わえますが、そうでなくても「今日は50円」とか「100円にしよう」とか、少なくとも1円や5円などで、お賽銭をお財布の中身整理のようにするのは考え直すべきでしょう。

私がそういうふうに言うのも、大きな護國神社はともかく、小さなところだとお社の維持に苦労しているところも多いからです。宮司もいなかったり、どこかの神社と兼任していたりして、5年後、10年後の存続が怪しいところはいくらでもあります。

さらに大きな神社でも、護國神社に参拝する方は圧倒的に兵隊に行った方々の遺族であることが多く、神社の経営もその寄付に頼っているところが多いのです。もちろんそれは悪いことではありませんが、この先何十年、何百年という将来を見れば、これでは神社の存続が危うくなってしまうでしょう。

せっかく英霊たちは、この国の未来を信じて亡くなり、神様として祀られるようになっているのです。だとしたら戦争と関係ない、今の私たちがその存在を尊び、普段から寄り添う神様として大切にしていかなければなりません。

そう思うからこそ、私はさまざまな護國神社と関わり、イベントを通して、皆さんにその存在を知ってもらいたいのです。本書を書いた大きな目的も、そこにあると考えています。

護國神社へのお参りの仕方

護國神社は、英霊たちを祀っているとはいえ、基本は通常の神社なのです。だからお参りは、普通の神社と変わりません。

二礼二拍手一礼、あるいは二拝二拍手一礼と呼ばれる形で、「お賽銭を出したあと、2回お辞儀をしたあとで、2回手を叩き、1回お辞儀をする。そのあとで自分の名前を名乗り、感謝の言葉を告げ、何か願いごとがあれば宣言をする」ということでいいでしょう。

細かい話になりますが、以前明治天皇の玄孫《やしゃご》の竹田恒泰さんが、食事の席でおっしゃっておられたことをお伝えすると、二礼二拍手一礼、あるいは二拝二拍手一礼の前後に「軽く一礼」を入れてほしいということでした。

二礼二拍手一礼、あるいは二拝二拍手一礼の儀式を始めますよという「軽い一礼」。二礼二拍手一礼、あるいは二拝二拍手一礼の儀式が終わりましたよという「軽い一礼」。

その所作をやっている方があなたを見れば、「お、この方はわかっておられる！」となります。

試しに各神社の正式参拝の際、宮司が神々に向かい二礼二拍手一礼をしているところを見てみてください。「軽い一礼」を入れていることがおわかりになると思います。

また、靖國神社と護國神社を合わせた御朱印帳があります。無地でどの神社でも使える一般の御朱印帳と違い、すべての護國神社のページが決まっています。気になる方は、一度全国の各護國神社で尋ねてみてください。

「縁結び効果あり」と言える2つの理由

護國神社に祀られているのは、基本は生きていれば、私たちが暮らしている町で普通に暮らしていたはずの方々。だから私たちにとって、最も身近な存在である神様です。

そんな神様だからこそ、願っているのは私たちが幸福であることと、この世の中がいつまでも絶えることなく続いていくことだと思います。

「本当は私たちも幸せになりたかった。でも、たまたま自分は戦争の時代に生まれたから、それを未来へ託す選択をした。そうして日本は平和になったのだから、君たちは精一杯、幸せを満喫してね」と、おそらくはそう考えているに違いないのです。

だったら、「私はこういう願いを叶えて幸せになりたいと思っています」とか、「こういう問題を抱えて、今、苦しんでいます」という相談ごとがあれば、英霊たちは喜んで聞いてくれると思うのです。それが無理な願いでなければ、「じゃあ君の願いごとを叶えるとしよう」と協力もしてくれるのではないでしょうか。

むろん、「何でも護國神社に頼れば、あらゆる願いごとが叶いますよ」などと言うつもりはありません。

ただ、私の研修に参加した女性には、「護國神社にお参りしたおかげさまで、結婚が早くできた」と言う方もいました。それならちゃんと縁結びの神様の効果を、護國神社だって持っていると言えるわけです。

実際、神様の力ということに関しては、英霊たちの願いは「子孫が長く続くこと」なのです。ならば恋愛に関しても、成就してもらうほうが彼らの願いにも叶っています。良き縁であるなら、積極的に協力してくれることは確実でしょう。

もうひとつはそうした神頼みの話でなく、過去に命をかけた英霊たちの存在を知ったことで、「ちゃんと自分も結婚して、いい家族を作っていきたいな」という気持ちが高められたことも大きいのでしょう。

実際、独身であれば時間が自由ですし、お金だって自由になる。結婚し、子どもを育てるとなれば、かなりの苦労を背負わなければならなくなる。そこに踏み出すには、相当な覚悟も必要になります。

英霊の思いを知ることで、そうした未知の世界へ踏み出す勇気を与えられることも確かなのです。踏ん切りがつかないという方は、ぜひ訪ねてみる機会を作ってはいかがでしょうか。

護國神社に参拝したら人生が変わった！

知覧もそうですが、護國神社と関わるようになってから、私のそばには素晴らしい人が増えました。これは「類友の法則」とか「引き寄せの法則」と似たようなものだと思いますが、やはり英霊は〝いい人〟を引きつけるのでしょう。

私が言う〝いい人〟とは利他に生きる人のことです。

だいたい英霊自体が「未来のため」と命を投げ打ったのです。世が世とはいえ、究極的な〝いい人〟、人のために生きられる人でなかったら、できるようなことではありません。

しかも、そんな国のために亡くなった人の魂に、理由はどうあれ「寄り添おう」と考えた〝いい人〟が護國神社にお参りに行くのです。ちょうど澄んだ水が、なおさら澄んだ水に混じって浄化されていくように、人はどんどん「他人のため」を思って行動できるようになっていきます。

そして「他人のための行動」がどんどん本人を押し上げ、なおさら〝いい人〟を引きつけていく。実際に私はそれを目の当たりにしているから、「理由なんてどうでもいいから、とにかくお参りしてみてください」と多くの人に言い続けているのです。

実際、護國神社にお参りするにようになって、「人生が変わった」という人は大勢います。

たとえば、とある地方のリゾートホテルで、ホテルマンの仕事をしていた男性です。彼は「自分は頭がよくないし、運もよくないから、ここしか勤めることができなかったんです」と、自分を悲観していました。すぐ口から出る言葉といえば、「でも」「だって」という否定の言葉だったそうです。

そんな彼が英霊たちに出会い、とにかく実践しようとしたのが、この「でも」や「だって」を言わないようにすることでした。

なぜか？　そんなのは当たり前で、特攻隊員さんたちは、この否定の言葉を心の中で消去して、最悪の「死」という運命を受け入れられたのです。それに比べれば、日常で出会うどんなことだって、さほど嫌がるほどのことではありません。

彼はホテルマンとして、あらゆる頼みごとを引き受けるようになりました。

たとえば誰かが「フライトの予約がわからない」と言えば、「いいですよ。僕が全部、引き受けましょう」と言って、やってあげる。「誰か酒造りの方法を知っている人がいないか？」と頼まれれば、探してあげる……。

こうした頼まれごとをこなしていくたびに、どんどん経験値も増え、今は大勢の人から頼りにされて、さまざまな事業に関わるようになっているわけです。自分の仕事に対して、しっかりと自信も持てるようになりました。

もうひとり、護國神社に通うことで人生が変わった男。

彼は、とにかく商品を売って、お金を稼げばいい、そう考えていた頃は全く売れませんでした。そんな彼が、自分の命を使ってまで、次世代の人間に未来を継承した英霊たちの思いを知ったのです。「自分は一体、何をしていたんだろう」と思うようになりました。

そこで彼は友人と会社を作ったとき、営業の仕事を離れ、マネジャーとして部下を指導する側に回ったのです。自分が裏方となり、皆を支えることで、会社に対しても世の中に対しても、貢献できないかと考えた。

結局この会社は成功し、彼も今まで以上に大きな仕事ができるようになっています。

私がすすめるもうひとつの場所

知覧や護國神社だけでなく、日本には戦中、未来に生きる私たちのために命をかけてくださった、さまざま人々の魂を鎮魂したり、お祀りしている場所があります。

神様として向かい合う英霊とは少し違いますが、手を合わせ、彼らの思いに応える誓いをする場所として、近くに行ったときは訪ねてみてはいかがでしょうか？

オススメをひとつ紹介します。

世田谷観音寺

世田谷区の三軒茶屋近くにあるお寺で、どこの宗派にも属さず、独立したお寺として建てられたそうです。それでも中には聖観世音菩薩像のほか、国指定重要文化財の不動明王像などがあります。

小さな特攻観音堂も作られており、国のために命をかけた英霊を祀っているのも特徴。陸軍の戦争で亡くなった方々を祀っているお像と、海軍を祀っているお像の2体があるようです。

実は2体ある観音様のうち1体の模造が、知覧の平和会館の隣にある観音堂に収められています。戦後に鳥濱トメさんがこの世田谷観音のことを知り、自ら列車を乗り継いでお預かりしに行き、複製を作りました。

そんな知覧と縁の深い場所ですから、東京にお住まいの方は、ぜひ訪れてみるといいのではないでしょうか。

第4章

引き継いだ〝いのち〟を繋いで栄えていく

栄える、繁栄するとはどういうことか？

英霊は、命をかけてまで、なぜ「日本」という我が国を守ろうとしたのでしょうか？

考えてみれば、いろんな状況があったとはいえ、アメリカのような強い国に対し、上層部は無謀にも戦争を始めたのです。

それで勝ち目のない状況になって、「死んでこい」なんて言われる。あなただったら、素直に「死んでやろう」なんて決心しますか？

でも、英霊は命をかけてまで、我々を守ろうとした。「それだけ守るべき価値が、我が国日本にはある」と信じたからです。

日本という国には、そんなに価値があるのでしょうか？

価値というと、なんだか軽く聞こえますが、とてつもない価値が間違いなくあります。それは、日本という国が世界で一番「栄えている」ということです。

栄えている？　日本よりアメリカや中国のほうが、ずっと経済的に成功しているのではないか？

いいえ。日本のほうがずっとずっと成功しています。それは日本という国が、一番長く「国家」として続いているからです。それが「繁栄」ということだと私は考えています。

少し話が違いますが、もしもドラえもんのキャラクターで、学級委員長を決めようという話があったとしたら、誰が選ばれるでしょう？

おそらくは、一番成績が良い出木杉君か。性格がよくみんなのアイドル的存在だからしずかちゃんか。そんな選択肢になるでしょう。さらにクラス替えがなく学年が持ち上がれば、きっと続けてその2人のどちらかが再選するでしょう。

でもちょっと待ってください。クラスには最高権力者のような存在がいます。それはジャイアン。彼は一番腕力を持った存在です。なぜジャイアンは学級委員長になれないのでしょうか？　ガキ大将という意味では、リーダー的存在であるはずなのに……？

彼は一度は強引に就任したとしても、再任はされないでしょう。

おそらくジャイアンを選んだ人は、皆さんの中にもほとんどいなかったはずです。なぜかといえば、それは「悪いから」です。悪いと正されるのです。

逆にいえば、出木杉君やしずかちゃんは良いから選ばれます。そして良いモノは続くのです。これが自然の原理原則です。

すなわち、世界一続いている日本は「良い国」なのです。

ケンカをする、いじめをする、人のものを奪う、暴力を振るう、悪口を言う。どんなに力があっても、人間はそういう存在を拒否し、是正しない限りは排除するのです。それは、人間の世界と動物の世界の大きな違いでしょう。

つまり、どんなに力があっても、「悪いもの」は是正される。それが人間の世界の原則なのです。

中国は4000年の歴史とかって言いますが、何度も何度も王朝が変わりました。このように国家が永久に繁栄することは難しいのです。

他国の王朝や支配者がどんどん入れ替わる中、その間ずっと続いてきた、天皇を中心に一体となって歩んできた道は、誰にも排除されていません。

この長さは、実は世界最長で、一度も滅ぼされてはいない。日本の建国の父である初代神武天皇が2月11日に八紘一宇《はっこういちう》の勅《みことのり》をあげられて今年で2683年。これはとんでもないことです。

どれくらいとんでもないかというと、2位のデンマーク王国でも約1100年。3位のイギリスも約900年。我が国日本は、他と比べものにならないほど長く続いているのです。しかも我が国には、1000年以上続く神社や企業もたくさんあるというではありませんか！

それは国民が、何が「良いこと」で、何が「悪いこと」かがわかっているからです。

繁栄するとは、良きことが繋ぎ栄えること。

「調和の精神」が良いことであり、「奪い支配すること」が悪いことなのです。

私が英霊を通じて深く知り得た、非常に大切でとても嬉しいことなので、ここは詳しく説明させていただきますね。

病院での忘れられない出会い

別に誰かのために生命をかけて戦わなくても、偉業を成し遂げるようなことをしなくても、与えられた「命」を精一杯生きることで、他人に影響を与え、「いいもの」を継いでいくことはできるのだと思います。

私にとっては忘れられない出会いがありました。

今から20年くらい前のことです。私はよく総合病院の外科とか小児病棟の待合室のようなところに足しげく通い、一日中そこで過ごすようにしていたことがありました。理由は、保険の仕事をして、22歳のときから人の死を見てきた関係で、命の炎が最後に燃える姿を何度も何度も学びたかったからです。

今考えると、亡くなる前の患者さんを知ったところで、何がわかるかなんてわかるわけもないのに、病院とそのご家族に対して少し無礼だったと思います。

ただ、「亡くなった後でこういう保障をさせていただきます」と毎日言っている人間なので、少しでも死を知りたかったですし、遺される方々に寄り添ってあげたかったからしていた行動だった気がします。

現実に、死と向き合っている人たちと話をしてみたかった。今では、部外者が入院病棟にいること自体が難しいかもしれませんが、昔は少し寛容だったので、いろんな病院に通っていたのです。

そして私は、病棟でひとりの男の子に出会いました。

遊び盛りらしく、看護師さんに、「もう、あんた、ちょっとじっとしときなさい」と言われている、小学校3年か4年くらいの男の子。育ち盛りなはずですが、普通の子よりパンパンに膨れ上がった顔と細い手足、髪の毛がない頭は、抗がん剤治療の影響を思わせます。

たまたま待合室にいた私の近くに来たので、本当は食べちゃいけないだろう、小さなチョコレートを分けてあげました。

「いいの?」

「絶対、言うなよ」

そんなこともあるかなと思って、病院に来るときは、いつも100均で買った風船のようなおもちゃやお菓子なんかをカバンにたくさん持ってきていました。それを一緒に膨らませたりして、仲良くなりました。

「お父さんとどっちが大きく膨らませれるかな？」なんて言いながら子どもたちと親しくなります。

病室に戻ったり、私のとこに遊びにきたりと、丸一日いて少し仲良くなったあと、私は、その少年にひとつの質問をしました。

「君の夢は何？」

その子は少し考えたあと、私の目を見てこう答えました。

「おっちゃん、僕は、大人になりたいんだ！」

少年が私にもたらしたもの

それはたぶん、私がどこか心の中で聞きたかった言葉なのかもしれません。

「生きたい！」と願う重みのある言葉を聞きたかったから、私は病院にわざわざ通っていた……。なのに、その言葉を聞いた瞬間、感情が抑えられなくなり、もうその場にいられなくなってしまいました。

「おっちゃん、ちょっとトイレ行ってきていいかな？」

急いでトイレの個室に飛び込み、年甲斐もなく泣きじゃくってしまいました。命の叫びを目の前で聞いたのです。

「僕は大人になりたい！」

私はこの言葉を聞いたとき、この子を救ってやれない無力さに、自分は何をやっているのだろうと、もうひとりの自分に聞かれた気がしました。

彼とお別れをし、私はその病院を去りました。もうあれ以来、その少年に会うことはありません。

彼は夢にまで見た大人になれたのだろうか？　私には知るヨシもありませんが、その後も私は、その病院の少年が「夢に描いた大人」として生きています。

果たして大人として、あの少年が夢に描いたような人生を、ちゃんと生きているのか？　あの世か、あるいは来世で、あの少年に「おっちゃんな、立派に大人として生きてきたで！」と自信を持って言える大人として生きよう。

彼が夢に描いた大人を立派に生きよう！　と誓ったのです。心の中でその男の子に強く約束したのです。

究極は「人のため」が「自分のため」

自分の中ではそこから数年間、その少年のおかげもあり、本当に手を抜かず生きてくることができました。あの少年との出会いは本当に私の人生を加速させてくれたと思います。仕事も結婚もでき、自分にとっては順調に暮らせていました。

それから数年後に知覧の資料館で特攻隊員たちに出会いました。

特攻平和会館で私の口から出てきた言葉は、

「一生懸命生きてなくて、ごめんなさい」

すでに加速された人生なはずなのに、なぜか「ごめんなさい」。

ここに、私の人生を全く違った世界に誘ってくれた「悟り」がありました。


知覧に来て、一生懸命に生きるとはどういうことか？

英霊たちに学んだ生き様とは何か？

私が執筆までして残したかった幸せと繁栄の極意とは何なのか？

それが、

「世のため人のために生き切ることとは自分のために生きることと同じ」

ということなのです。

病院のあの男の子に背中を押され、加速してきた人生は、気がつけば自分を豊かにしていくことばかりに集中していたのです。あの男の子の願いがきっと、私をここまで豊かにしてくれたのかもしれません。

それに甘んじて、私は人を豊かにすることをおろそかにしてきてしまったのかもしれません。


我々日本人は昔々から「君が代の精神」で生きてきました。

国歌「君が代」
君が代は
千代に八千代に
さざれ石の巌となりて苔のむすまで

君の代（世）は＝「自分のことはいいから」とあなたのことを願った利他の歌。

１０００代も８０００代も＝長い長い間、永遠に。

さざれ石（ばらばらの小石）が巌《いわお》（岩のようなひとつの塊）になって、かつ、苔《こけ》が生えるほど長い間、穏やかで何もなく、幸せでありますように。


１０００年以上前から読まれていた歌。それが我が国歌。

昔から、自分のことより「人」のことを願った歌。


愛しい君よ。

どんなに時間が経とうとも
永遠（とわ）に穏やかに幸せでありますように。

これは私が学生などに国歌を教えるときに伝える手紙です。

身は滅ぶとも、神となってすべてのものに宿る

私は知覧と出会い、人のために命をかけた英霊に衝撃を受け、その後何年間かずっと自分のことを後回しにして、利他で生きることが幸せになる秘訣だと思い、ずっと無理しながら信じて走り続けて生きてきました。

でも、そう信じていた頃は、充実感はあったものの、何か空虚な感覚があって、満足し切れない自分がいました。この感覚は何なんだろう……と。

そのスッキリしない感覚が解消されたのは、特攻隊の遺書と出会ってから、100

回以上知覧に通い続けたときに、ふと舞い降りてきたのです。

それは「悠久の大義に生きる」という遺書の文面でした。

彼らは、「戦いで自らの身体は滅びたとしても、永遠に私たちが大切にしてきた『誠』に生き続けて参ります」そのようにおっしゃっているのです。

では、私たちのご先祖さまがずっと大切にしてきた「誠」とは一体何だったのでしょうか？

きっとそれが敵国から恐れられ、これを残していたらまた大変なことになるからということで、戦後に日本の文化から消されてしまった事柄なのだと思います。

知覧に行くと同時に、何度も何度も全国の護國神社に足を運び、長い時間英霊と共に過ごしてきてやっと少しだけわかった気がします。

それは、「神、万物に宿る」という八百万《やおよろず》に神宿る精神だと私は確信しました。

我々は神道の中で暮らし、育ってきました。

たとえ身は滅ぶとも、神となりてすべてのものに宿り、大好きなあなたの元から離れることはありません。だから私は、願う通りにあなたを守り、そしてこれからずっと愛するあなたのそばから離れないのです。

すなわち、英霊は「究極の人のため」をすることで、「究極の願い」を叶えたのです。

「すべてに宿る、すべては同じ」という悟りの境地

昔の私だったら、そんなことを言われても「ん？　どういうこと？？」と思っていたはずです。もし皆さまが今「神、万物に宿る」という「八百万に神宿る精神」て何？　聞いたことはあるけど、それがどしたん？　と思っていても不思議じゃないと思います。

なぜなら敵国が、日本の「人のための究極の行動」を恐れ、戦後我々から「神道の精神」を消したのですから。

ピンとこないかもしれませんが、非常に大切なことなので、あえて書かせていただきます。

すべての存在に我々のご先祖さまが宿っている。そして我々の身体にもご先祖さまが存在しています。周りの存在と我々には同じ命が宿っています。

要するに、「すべては同じ」なのです。英霊はそれをおわかりになられていたから、笑顔で出撃できたんじゃないでしょうか。

私がそれに気がついたとき、父が頭の中に出てきました。

父は私が14歳のときに亡くなりました。そのときに仏となり、神となられたのです。すなわち、存在する万物に父が宿ったのです。もちろん私の身体にも父が。

すべての存在に父が……。

私と同じ存在……。

気がついたときは、得も言われぬ温かな気持ちになりました。

自分と他の存在に差がない。一緒である。

自分と他の差を取る。

差取り。

さとり。

すなわち英霊たちは「悟り」の境地にいらっしゃるのだと感じました。

自分だけは生きて帰るのか、仲間を守るために我が命は構わないのか

沖縄で慰霊の旅をしていたときに、現地で誇り高き話を聞いたことがあります。大東亜戦争末期、沖縄を占領するべく、沖縄の海や島にいたアメリカ軍の若い兵士たちは、日々心の中で決めていたことがあったそうです。それは、愛する家族のために、もしも周りの仲間が全滅しても、自分だけは絶対生きて帰ってみせる！　ということでした。

では、我が日本軍の兵士はどのように思っていたか？　周りの仲間を守れるのならば、我が生命はどうなっても構わない！　と思って戦っていたそうです。

皆さんはこの違いがわかりますでしょうか？

どちらの国の若者にも愛する家族はいました。その愛する家族を守るために戦っていることは同じなのです。しかし、考え方が真逆なのです。アメリカ兵は自分の命を守る戦い方をしました。我が軍は君が代の精神で戦いました。

そりゃ、精神性の高さで、人として勝てるわけがありません。

それが証拠に、アメリカ軍は特攻隊の攻撃を8割の確率で撃ち落としていたのに、戦争が終わり、祖国に帰ったときに、沖縄方面で戦ったアメリカ軍の若者のほとんどが、戦中のトラウマで精神疾患になったといいます。

撃墜率8割。ほとんど撃ち落としているはずなのに、撃ち落としても撃ち落としても襲いかかってくる特攻機に、次は我々の船がやられるんじゃないかと、恐怖と不安でいたたまれなくなり心が病んでしまったそうです。

必ず死ぬことがわかっているのに笑顔でいる日本兵。

必ず勝つことがわかっているのに狂ってしまうアメリカ兵。

私はこの話を聞いたときは、身体が震えて泣いてしまいました。

自分の命を顧みず、人の幸せのみを祈って戦った英霊たちは、ひいては、自分自身の幸せに繋がると、彼らはわかっていらっしゃったのではないでしょうか。

まさに「悟り」の境地です。

「彼ら特攻隊は無駄死にじゃないわ」——沖縄で知った真実

もうひとつ忘れられない沖縄の出会いをご紹介いたします。

戦跡を訪ねて沖縄中部に伺った際に、畑仕事をしていたおばあちゃんから聞いた真実です。

「こんな田舎に何しにきた？」

島の方言まる出しで話しかけてきたおばあちゃんに、

「沖縄戦の勉強をさせていただいています」

と言うと、

「そりゃ感心だねえ。実は、私8歳のときに沖縄戦を経験したよ」

と。アメリカ軍が攻めてきたときに、日本軍の兵隊さんと一緒に壕を転々と南下したそうです。

両親とはぐれ、泣きながら困っていると、軍服を着たお兄さんが、

「守ってやるから、絶対お兄ちゃんのそばを離れるな！」

と言ってくれたそうです。

私は、学校で全く反対のことを聞かされていました。沖縄戦では、戦えない年寄りや子どもたちを「口減らし」といって、アメリカ軍に差し出して、殺させたと聞いていました。しかし、そのおばあちゃんは一度もそんな場面は見たことがないと言われていました。それどころか、砲撃で足がちぎれ、内臓が見えかかっているような、今にも亡くなりそうな兵隊さんすら、壕の中で彼女の顔を見ると、

「痛いところはないか？」

「腹はへってないか？」

と心配してくれるのだそうです。

さらに南下を続け、これ以上進めないところまで追い詰められた最後の壕の中で、もう逃げられないと、おばあちゃんも覚悟を決めていたそうです。

その壕に一緒にいた地元の方が言うには、

「30メートル先に湧き水がある。そこまで行けば飲み水が手に入る！」

のだそうですが、外に出たらアメリカ艦隊の艦砲射撃の鉄の雨が襲ってきて汲みに行けません。しかし、艦砲射撃が沖縄の空に向かうあるときだけは、鉄の雨が降らな

いことを教えてくれました。

それが特攻隊がやってきたときなのです！

壕にいる若者がバケツ代わりになるものを持って、井戸に走ります。

壕の中に残っていた8歳のおばあちゃんは、特攻機に手を合わせたそうです。

「神様がやってきた!!」

しかし、その子はもうひとつ祈ったそうです。

「お願い！　もう来ないで!!」

私たちは、水を飲めても、壕が持つのは長くて1週間。結局はアメリカ軍に殺されてしまう。だから私たちの1週間のために大切な命を散らさないで！　と祈ったそうです。

その話をしてくれたあと、真っ黒に日焼けしたおばあちゃんが素敵な笑顔で教えてくれたのです。

「ね！　私、生きてるでしょ。特攻隊は私の命を守ってくれたのよ。彼ら特攻隊は無駄死にじゃないわ」

私は島人のおばあから聞いた言葉に嬉し涙が出ました。

我が国ならではの「幸せの法則」

我が国の歴史は建国以来すべて調和の世界。戦争当時はもちろんのこと、どの時代も独裁ではありませんでした。

建国の父、初代「神武天皇」が、2683年前に掲げた建国の理念。それが「八紘一宇」（はっこういちう）。日本書紀に記されている、神武天皇ご即位のお言葉「掩八紘而爲宇」（あめのしたおおひていえとなさむ）に由来します。

この「八紘一宇」とは、簡単にいってしまえば、「ひとつの家族のように仲良く暮らす国にしよう」ということなのです。

建国時から大切にされたのは、独裁ではなく調和なのです。

さらに、聖徳太子がお定めになられた、初めての憲法「十七条憲法」の冒頭。「和を以《もっ》て貴《たっと》しと為し……」ここでも調和が尊いと書かれています。しかも一番始めに表現されています。

極めつけは、開国後になってご即位なされた明治天皇の勅。「五箇条の御誓文」と「教育勅語」があります。

五箇条の御誓文（ごかじょうのごせいもん）

「廣ク會議ヲ興シ、萬機公論ニ決スヘシ」

「何時もみんなで話し合って、みんなで決めてください」

とあります。ここでも独裁ではなく、これまた調和の精神です。

教育勅語（きょういくちょくご）

「朕爾臣民ト倶ニ拳拳服膺シテ咸其徳ヲ一ニセンコトヲ庶幾フ」

「そこで私自身も、国民の皆さんと一緒に、これらの教えを一生大事に守って高い徳性を保ち続けます。そして皆さんに〝まず、自分でやってみます〟と明言することにより、その実践に努めて手本を示したいと思います」

明治天皇御自ら手本を示し、国民と共に徳を積んでいかれるお姿。これを調和と言わずしてなんと言う!!

人と調和し、人のために生き、そこに自己の喜びや自己の都合を全く入れないことこそ、英霊のお姿そのものです。遺書には、「心中満足でいっぱいです」と、多くの英霊が書き残しています。

特攻兵がみな最期に叫ぶ魂の言葉

すでに述べましたが、特攻兵たちが遺した最後の手紙で、圧倒的に多いのはお母さんに宛てたものでした。

以前、「ホタル館 富屋食堂」の務めの中で、特攻機を援護する護衛機に乗られていた方にもお話を聞かせていただいたことがあります。かなりお年を召されていたのですが、しっかりとお話しくださいました。

護衛機とは、文字通り特攻機を援護する飛行機です。特攻機と共に飛び立ち、沖縄へ向かう特攻機が無事に役目を果たしてもらえるように敵機を撃ち落とす役割を持った飛行機です。もちろん護衛機も命がけ。いつ撃ち落とされるかわかりません。その方は、護衛機から数百メートル先の特攻隊が散華する瞬間を多く見届けたそうです。特攻隊がアメリカ艦隊のそばまで来たとき、雲の切れ間まで急上昇急反転。入射角度45度以上。体感は垂直に近いそうです。左手の上にあるスロットルを目一杯引いて、右手一本だけで全力で操縦桿を倒します。その右手を少しでも緩めると、相当なG（重力加速度）に操縦桿もろとも弾き返されてしまいます。彼ら特攻隊は全力を振り絞り、目を開き最後の最後まで気を失わないようにし、体当たりをしていくのです。そのとき、彼らが口を揃えて最後に大声で叫ぶ言葉があるそうです。

その言葉とは、

「お母さーん！！！」

です。

誰にでも必ず存在する大好きなお母さん。

命がけで産んでくれた大好きなお母さん。

一時も心を離さず育ててくれた大好きなお母さん。

皆、その母に届けとばかりに、大声で叫んだのです。


「お父さ～ん」と叫んで突っ込んでいく人は、聞いたことがないと言っていました。

私は父親の立場ですが、全く寂しさはありません。

それだけ、「お母さん」という存在は偉大だったということです。特に特攻兵が男性だったということもあると思いますし、命をかけて産んでくれた「お母さん」を、最後の最後まで愛していたのです。

大切な人に書く「遺書」のススメ

繰り返しになりますが、特攻兵たちは、愛する人に遺書を遺しました。

ペンと紙しかない時代に、これ以上ない「愛の形」です。当時は紙に感謝を綴ることしかなかったのです。

これが思いを伝える最後のチャンス。

昔のことが昨日のように思い出されます。子どもたち全員がいっぺんに父にかかっていって相撲をとってもらったことも、友達とケンカして、泣きながら母と手を繋いで歩いた帰り道も、すべてが思い出される瞬間。

彼ら特攻兵は、遺書を書くとき、真っ白な紙を見つめて、何を思い出していたのでしょうか。

この少しの手紙を書くのに、どれだけの時間をかけたのでしょうか。何回書き直したのでしょうか。

現代はモノが豊かにあふれ、何でも買える時代になりました。

今なら、プレゼントを贈ることもできます。動画も撮影できます。一緒に旅行でも食事でも可能です。

何でも叶えられる今だからこそ、言葉ひとつひとつを大切に、お世話になった方に手紙を贈ることに価値があるんじゃないかと思います。

もちろん、動画で遺しておくのも構わないと思います。そのときの笑顔や元気な姿を残したい方には、動画のほうがいいのかもしれません。

ちなみに私は、動画も手紙も両方遺しています。やってみてわかりましたが、動画撮影はオススメしません。なんせ昔を思い出せば思い出すほど、感謝があふれて泣いて泣いて涙で言葉になりません。

それも今のあなただと思えば、それでも構いません。とにかく、やってみることが大切です。


さらに、遺書を遺してみて気がついたのですが、死を本気で意識し、家族や職場の仲間にこのまま会えなくなるかもしれないと思うと、生きている今が愛おしく、昔からの思い出が有り難く思え、毎日のあいさつにも心がこもりますし、目の前の方に感謝の気持ちが湧いてきます。

遺書とは、亡くなるために遺すのではなく、今を大切に生きるための栄養ドリンクのようなもんですね！

「伍井芳夫から献花をお願いできますか」――前館長との別れに際して

前館長の鳥濱明久さんのことは繰り返し書いてきましたが、明久さんは、令和3年7月5日安らかに息を引き取りました。

その日の早朝、現館長の鳥濱拳大氏から一本の電話をもらいました。

「父が亡くなりました」と。

長く患っていたので、その日が来ることは覚悟していましたが、やはり悲しかったです。私はいろいろな仕事をしていますが、一緒に働く方々の中で、人生で一番酒を交わした方でした。明久さんは、どんなに忙しくても、どんなに体調が悪いときも、知覧に来られた仲間たちに必ず同席してくださいました。

その中でいろいろな話も聞きました。

前章でお話しした、松井秀喜さんの話も知覧での酒の席でした。

亡くなられたあと、奥様の弥生さんとも何度も話し合い、流行り病で外出が自粛され、集まることははばかられる中、告別式はしめやかにさせていただきたいから、参列はお断りしてもらうことになりました。

手分けをして、全国に連絡をさせていただきました。皆一様に、「お悔やみに行かせてくれ！」とおっしゃり、参列をお断りするのが大変でした。

そりゃそうですよね。みんなそれぞれお世話になっていて、しかも人のために命をかけた方なんです。みんな集まりたいに決まっています。もし私も逆の立場なら、どんなことをしてでも告別式には参列していたと思います。

しかし、当時は街中で交流を控えている時期。鳥濱家が村八分にされるわけにはいきません。

一人ひとりに了承していただき、代わりに献花を募ることにしました。私が代表してSNSを通じて呼びかけたら、献花の申し込みが殺到し、コメント欄は悲しみの声であふれ返りました。

フェイスブックだけでも400件を超えてしまい、葬儀屋さんからご紹介いただいた花屋さんから花が消えました。

フェイスブックのコメント欄に、私が「え⁉」と思う方から献花の申し出がありました。「伍井《いつい》芳夫から献花を一本お願いできますか？」と書かれています。差出人は臼田さんという方でした。


伍井芳夫。

その名前は、100回以上知覧で聞いた特攻隊長の名前でした。

すぐに臼田さんに、お電話させていただきました。

すると、臼田さんは、

「私は、伍井の孫にあたります。次女である母が、伍井芳夫の名で献花を一本お願いできないだろうかと申していまして、ご無理を承知でご連絡差し上げました」

「臼田さん。とんでもないことです。かしこまりました。館長の明久もきっと喜ぶと思います」

自らの寿命を減らしても、国民に語り続けた明久さんに、時を超え、隊長の伍井大尉からの感謝の献花。

本当に素敵な瞬間を見させていただきました。


三途の川を越える道すがら、軍服を着た英霊たち一同が、一列に整列し、あの世へと歩く明久さんを、最敬礼でお迎えする姿が目に浮かびます。

人生を人のために生き切った男の告別式は、とても落ち着いた空気が流れていました。その最後、棺桶に別れの花を手向け、その蓋を閉じるときに、泣いて泣いて棺桶から一番離れず、そんな空気を壊したのは、もしかして私だったかもしれません。

忘れかけていた大切なことを伍井大尉の人生は教えてくれた

キレイなお花いっぱいに包まれて、おごそかに告別式を終えることができました。

その後すぐに、私は伍井大尉のご家族にお会いするため、埼玉県桶川に向かいました。

孫の臼田真一朗さんと次女の智子さんが迎えてくださいました。

無事に告別式がとり行われたこと、明久前館長の生前のご活躍と、たくさんたくさんお話を交わしました。

次女の智子さんから、両親のこともいろいろ教えていただきました。今まで知らなかったことも、また戦後のご苦労も含めて、聞くことができました。

そして、別れ際、私は尋ねました。

「伍井大尉の逸話、もしよろしければ、私武田も伝えさせていただいてもよろしいでしょうか」

「武田さん、本当にありがとうございます。父も喜ぶと思います」

と快諾いただきました。


私は、特攻隊の史実をあまた聞いてきました。特攻隊一人ひとりに愛する家族がいて、それぞれに人生というドラマがありました。英霊たちはその人生を置いて、自らの意志でたったひとつしかない命を燃やして我が国の未来を守ってくださいました。

私は、その史実ひとつひとつを涙と感謝なくして語ることができないのですが、そんな中でも特に伍井家の逸話に心を奪われ、日々語っています。

今を生きる我々が、忘れかけている大切な宝物を、伍井大尉のエピソードからたくさん教えられたからです。

明久さんが取り持ってくださった伍井大尉のご家族とのご縁。有り難く、伍井大尉の逸話をここでご紹介させていただきます。

生まれたばかりの長男に残した手紙

伍井芳夫。彼は軍人として、飛行兵を教育する立場として活躍していました。妻の名は園子さん。彼女は芳夫さんと結婚し、2人の娘に恵まれます。

その頃、日本軍はガダルカナル島から撤退を開始し、苦戦を強いられていました。同年から学徒出陣が始まり、飛行学校には学生たちが次々と入校、伍井は、その学生たちの教育に心血を注いでいました。しかし、心をこめて育てた教え子たちは、次々と前線へ行き、その悲報を耳にすることが増えます。

そして、昭和19年10月のレイテ沖海戦では、誰もが予想だにしなかった作戦が採用されました。戦史に大きく残る「特別攻撃作戦」であります。

昭和19年10月31日、伍井の家に3人目が誕生。待望の長男・芳則です！伍井は長男の誕生にたいそう喜び、そして、もし自分に何かあったときは芳則がきっと妻を助けてくれると安堵しました。

伍井は毎日芳則が成長するのを楽しみにしていました。長女満智子3歳10ヶ月、智子1歳7ヶ月、芳則は生後4ヶ月。子どもたちのお馬さんになったり、膝の上に座らせて食事をしたりと、自宅での時間は束の間ではあったがとても幸せでした。

その伍井にも、ついに特別攻撃隊・第23振武隊が編成され、隊長に任命されます。伍井は妻園子には特攻に行くことを言いませんでした。しかし、園子は薄々感じていたのかもしれません。

長い間の教官生活で、たくさんの教え子が卒業し、戦場で皆死んでいくことに、伍井は耐えられなくなります。自宅でも物思いにふける姿を園子はたびたび目撃しています。

ついに、伍井は特攻遺書を書き、軍に提出しました。

「人生の総決算 何も謂《い》ふことなし」

隊長らしい潔い遺書。しかし、何も言うことがないと書いた芳夫ではありましたが、特攻の日が決まったあと、実は、妻と子へ軍から検閲されぬようにして、手紙を残しています。

園子殿

晴れて特別攻撃隊に任命されました。

特攻と聞いて、さぞかし驚いたことと思います。

今日の状況では、軍人として当然の出陣です。

今になってお前達にたいして色々足らなかったことを思い出して情けなく思います。

3人の子の父親として立派にお役に立つ様逝って参ります。
子ども達の養育くれぐれもお願いします。
お体に充分注意せられて病気せぬ様願います。
ご近所の方々によろしくお伝えください。

芳夫

そして、生まれたばかりの息子、芳則にも手紙を書きました。

物の道理が解る年頃になってから知らせよ

芳則に一筆遺す
父は大東亜戦争の5年目の春、名誉ある特別攻撃隊第二十三振武隊長として散華す。
お前達の成長を見ずして去るは残念なるも悠久の大義に生きて見守っている。
よくお母さんの言いつけを守って勉強して日本男児として、陛下の御子として立派に成人してください。

将来大きくなって何を志望してもよし。

唯父の子として他に恥ざる様進みなさい。

お母さんには大変な苦労を掛けて頂いたのです。

御恩を忘れず立派な人となって孝行せねばなりません。

体を充分鍛えて心身共に健全なるべし。

昭和20年3月9日

父より

芳則殿

その後、3月15日、伍井はなんと自宅の桶川に一時的に帰る機会を得ました。

3人の子ども一人ひとりに声をかけ、抱きしめます。娘2人は、久しぶりの父親の姿に大はしゃぎで喜びました。

伍井は長男芳則を抱き上げ、「芳則は男の子だから大きくなったらお母さんを父さんの代わりに守ってあげるんだぞ。わかるね」と話しかけ「父さんと芳則の約束だぞ」と、何もわからない赤ん坊にいつまでもいつまでも話しかけていました。

園子は「3人の子どもたちの成長を楽しみに生きていきます。心置きなくお役目を果たしてください」と夫に伝えます。

しかし、最後玄関を出るとき、園子は感極まり、「子どもたちを残していかないで」と心の中で叫びました。

しかし口では、「武勲をお祈りします」と言います。

日本の女性として、伍井家の母として、そして芳夫の妻として、立派な一言でした。

育てることができなかった悲嘆と悔恨

伍井芳夫、32歳。

第23振武隊長として沖縄の海に向かい、還らぬ人となりました。

覚悟を決めたはずの妻、園子でしたが、ラジオの戦況ニュースが気になって仕方ありません。

数日後、その日がやってきました。第23振武隊、突入す！　と告げる声がラジオから流れたのです。

園子は軍人の妻として張りつめていた緊張感が一気に緩み、涙が止めどなく流れ落ちるのを抑えることができませんでした。そして、あまりのショックに赤ん坊に必要な母乳が出なくなってしまったのです。

芳則はまだ5ヶ月。乳をもらえず体調を崩し、薬も不足していたため、高熱が続き、口にしたものを吐くようになりました。

ぐったりしている芳則を優しく抱きしめて祈るしかありませんでした。しかし、日に日に衰弱していき、ついに園子の腕の中で芳則は息を引き取りました。

冷たくなっていく息子を手放せず、園子は一晩中泣き明かしました。

夫芳夫に養育を頼まれたのに。

手紙を託されていたのに。

育てることができなかったと、悔やみ悲しみました。

その悲しみを乗り越える勇気をくれたのが、残された2人の娘でした。彼女たちがいてくれたおかげで、生き抜くことができました。

園子は晩年、娘に相談をしました。

「お墓のお世話が心配」と。

「何を言ってるの。私たちが責任を持って守っていくから大丈夫よ」と言うと、

「よかった。これで思い残すことはないわ。私は、とても幸せな人生を送らせていただいた」と言い残してお亡くなりになりました。

最愛の夫と息子を亡くし、どん底を経験した母から「幸せ」という言葉を聞けたことがどれだけ嬉しかったか、と娘の智子さんはおっしゃっていました。

園子さんが示した「幸せ」の極意

今を生きる私たちが忘れかけている大切なことが、このエピソードにはあると書きました。それは何なのでしょうか。

鳥濱トメが生前、我々に残してくださった大切な言葉があります。

「善きことのみを念ぜよ、必ず善きことくる。命より大切なものがある、それは徳を貫くこと」

自らの命より徳のほうが大切……。

「徳を貫く」という言葉は、どこかで聞いたことがあるかもしれません。しかし、現代の学校教育では全く聞くことがない言葉かもしれません。

それゆえ、このトメさんの言葉に違和感を持つ方も多いかもしれません。

しかし、我々に馴染みのない言葉だろうが、違和感を持とうが、この言葉を実行し、自らの命よりも未来への希望を優先した英霊たちに、我々が守ってもらえたことは紛れもない事実です。

伍井大尉にとって、目に入れても痛くない我が子は、自分の命そのものだったと思います。いや、それ以上だったのかもしれません。自らの命以上の、かけがえのない家族を残して、体当たりで散華なさいました。未来のためにと文字通り「徳を貫いてくださった」のです。

そして、伍井大尉のエピソードを通して、何より皆さんと共有したかったのは、送り出す側の姿。

私たちは「和の国」で、人々と調和して生きてきました。

さらに「君が代」の精神で、人々のために生きてきました。

それを忠実に再現してくださったのが、妻の園子さんでした。

悲しみと苦しさで胸が張り裂けそうになるのを抑え、愛する夫との別れに、自分の気持ちは捨て置き、胸を張って送り出す姿に、徳を貫く日本の女性を見ました。自分の気持ちより相手の気持ちを考え、人の心に寄り添うという、大和民族独特の価値観を思い出させてくださいました。

極めつけは、腹を痛めて産んだ長男芳則が亡くなったときでさえ、我が子を失った自身の悲しみに浸るより、夫との約束が果たせなかったことを悔やみ悲しむ園子さん。

自身の腹を痛めて、命をかけて産んだ我が子を、たった数ヶ月で失う母の悲しみは想像を超えるものがあります。

しかし、その我が子を失った自らの悲しみよりも、夫から妻への託しごとを優先するお気持ち。このお気持ちこそ、日々徳を貫く生き方をしてきた日本人の誠だと感じました。

そしてまた、晩年の園子さんのお言葉が、我々にとっての最大の答えじゃないでしょうか。最愛の夫と息子を亡くし、どん底を経験したはずなのに、園子さんは「幸せ」だったと言いました。

園子さんが得た幸せは、物質的なものでもなく、金銭的なものでもない。

園子さんは、英霊のように、ただただ「人のために生きた」結果、幸せになったのです。

ここに我々の「幸せ」の極意が凝縮されていると確信しています。

皆さまの繁栄と幸せを祈って

特攻の母と呼ばれ、特攻隊のお世話を献身的にされた鳥濱トメ。

その意思を継いで語り部としての人生を尽くされたトメの孫の鳥濱明久。

そして、現在は曾孫の鳥濱拳大氏が真実を語り伝えるため、館長として「ホタル館富屋食堂」で皆さまのお越しをお待ちしています。


私、武田勝彦も特任館長として、祖国日本とご先祖さまに感謝を持って、皆さんの幸せと、大和民族の繁栄を祈り続けます。

そして、ご先祖さまが命をかけて我が国を守ってくださったように、我々大人も今できる最大の務めをしていきたいものです。

弱いものに優しく、笑顔を忘れず、みんな仲良く。

皆さま方におかれましても、戦争で亡くなった兵士たちの「護國の祈り」を知っていただき、英霊の圧倒的なご加護を受けながら、幸せに生きてほしいと思います。

我々が幸せでいることが、彼ら英霊の願いなのですから。
本著に最後までお付き合いくださり、ありがとうございます。
知覧や全国の護國神社などで、皆さまとお目にかかれることを楽しみにしています。

謝辞

本書の完成にあたり、多くの方々にご協力をいただきました。

執筆未経験の私にあきらめることなく、出版のアドバイスをし続けてくれた時ちゃんこと山本時嗣さん。

YouTubeのインタビューを通じて、多くの戦中のことを教えてくださった栗永照彦様。

特攻隊長伍井芳夫大尉のことをたくさん教えてくださった、伍井大尉の次女臼田智子様。

特攻の母と呼ばれた鳥濱トメさん。

毎晩遅くまでパソコンとにらめっこしていても、文句ひとつ言うことなく見守ってくれた妻。

そして、私にいつも背中を見せ続けてくださった、私にとって一番の英雄（英霊）、鳥濱明久さん。

無事に本書を完成させることができました。心より感謝申し上げます。

人生《じんせい》を拓《ひら》きたければ「知覧《ちらん》の英霊《えいれい》」に学《まな》びなさい

幸せと繁栄の極意

2023年 5月31日　初版発行

著　者……武田勝彦《たけだかつひこ》

発行者……塚田太郎

発行所……株式会社大和出版

東京都文京区音羽1-26-11　〒112-0013

電話　営業部03-5978-8121／編集部03-5978-8131

http://www.daiwashuppan.com

印刷所……誠宏印刷株式会社

製本所……株式会社積信堂

装幀者……斉藤よしのぶ

ISBN978-4-8047-1897-2

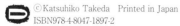